FUENTES

Activities Manual

FUENTES
SECOND EDITION

Activities Manual

Workbook
Lab Manual
Scripts of Textbook Listening Selections
Workbook Answer Key

Debbie Rusch
Boston College

Marcela Domínguez
University of California, Los Angeles
Pepperdine University

Lucía Caycedo Garner
University of Wisconsin-Madison, Emerita

HOUGHTON MIFFLIN COMPANY   Boston   New York

Director, Modern Language Programs: E. Kristina Baer
Development Manager: Beth Kramer
Development Editor: Sandra Guadano
Editorial Associate: Lydia Mehegan
Project Editor: Harriet C. Dishman/Elm Street Publications
Senior Manufacturing Coordinator: Marie Barnes
Associate Marketing Manager: Tina Crowley Desprez

Credits
page 49, © Bob Kramer/The Picture Cube; page 131, *Hasta la muerte*, Bequest of William P. Babcock, 1900, Courtesy, Museum of Fine Arts, Boston; page 139, Used by permission of Ford Motor; page 140, Reprinted by permission of Ayuda en Acción; page 140, © Apple Computer, Inc.; page 230, *Las Meninas* (Velázquez), Art Resource/Alinari; page 231, *Las Meninas 1989*, collection of the artist.

Illustrations
Anna Veltfort: pages 19, 23, 36, 49, 64, 80–82, 126, 189, 192, 208

Maps
Patty Isaacs/Parrot Graphics: pages 40, 200

ISBN: 0-395-96279-X

6 7 8 9 - EB - 03 02

# CONTENTS

☺ TO THE STUDENT

The *Fuentes* Activities Manual is organized into four parts:

- Workbook
- Lab Manual
- Scripts of Textbook Listening Selections
- Workbook Answer Key

Workbook and Answer Key

The Workbook activities are designed to reinforce the material presented in *Fuentes: Conversación y gramática*. These activities will help you develop your language ability and your writing skills.

Each chapter of the Workbook follows the order of presentation of material in your text. Contextualized activities progress from controlled to open-ended ones in order to allow you to gain the necessary practice with structures and vocabulary before expressing your own opinions, wants, and needs. As you progress through each text chapter, you should do the related Workbook activities as they are assigned by your instructor.

Student annotations precede some activities to give you additional information or to help you better focus your responses. Specific tips dealing with grammar topics are also provided to assist you.

You will find the answers to the Workbook activities at the end of this Activities Manual.

Here are some recommendations for making the most of the Workbook.

- Do the activities *while* studying each chapter. Do not wait until the day before the quiz or the day before you have to hand it in. Working little by little—every day—will increase your knowledge of the Spanish language, improve your retention of the material studied, and probably improve your final grade in the course.

- Before doing the activities, review the vocabulary and grammar sections in the text.

- Do the exercises with the text closed.

- Say what you have learned to say, especially when doing open-ended activities. Be creative, but try not to overstep your linguistic boundaries. Keep in mind the chapter's focus at all times.

- Try to use bilingual dictionaries sparingly.

- Check your answers with the Answer Key after doing each activity. When the answers are specific, mark all the incorrect ones in a different color ink. When the Answer Key says "Answers will vary" and then offers a tip, such as "Check adjective-noun agreement," make sure that you do what the tip tells you to do. In some instances the Answer Key merely says "Answers will vary" and offers no tips for correction. In these cases, you are normally asked to state an opinion or give a preference. Always double-check all open-ended answers, applying what you have learned.

- Remember that you *will* make mistakes and that this is part of the learning process. It is important to check incorrect responses against grammar explanations and vocabulary lists. Make notes to yourself in the margin to use as study aids. After having gone through this process, if there is something you still do not understand, ask your instructor for a clarification.

- Remember that it is more important to know *why* an answer is correct than to have merely guessed the correct response.

- Use the notes you have written in the margins to help prepare for exams and quizzes.

- If you feel you need additional work with a particular portion of a chapter, do the corresponding exercises in the Computer Study Modules. These are available in Macintosh and IBM formats and can be copied for home use at no cost to you.

Lab Manual and Textbook Listening Selections

The activities in the Lab Manual are designed to help improve your pronunciation and listening skills. The Lab Manual activities should be done near the end of each textbook chapter and before any exams or quizzes. Each chapter contains four parts.

- A pronunciation section is provided in the first six chapters of the lab program. It contains an explanation of the sounds and rhythm of Spanish, followed by pronunciation exercises.

- A comprehension section presents numerous listening activities. As you listen to these recordings, you will be given a specific task to perform (for example, complete a telephone message as you hear the conversation).

- The final activity in each chapter is usually a semi-scripted conversation between two native speakers, who were given a topic to discuss and a few guiding ideas. These conversations have been only minimally edited to give you the opportunity to hear spontaneous language.

- Each Lab Manual chapter ends with a recording of the corresponding chapter listening selection from *Fuentes: Conversación y gramática*. The scripts for these selections follow the Lab Manual portion of this Activities Manual. You may want to look at the script as you listen to the chapter selection. This will help you to review for quizzes and exams.

Listening strategies are explained and practiced in most chapters. By learning about and implementing these strategies, you will improve your ability to comprehend the Spanish language over the course of the year.

Here are some suggestions to consider when doing the Lab Manual activities.

- While doing the pronunciation activities, listen carefully, repeat accurately, and speak up.

- Read all directions and items before doing the listening comprehension activities. This will help you focus on the task at hand.

- Pay specific attention to the setting and type of spoken language (for example, an announcement in a store, a radio newscast, or a conversation between two coworkers).

- Before doing some activities, you may be asked to make a prediction. The purpose of these activities is to put you in the proper mind-set to better comprehend. This is an important step and should be done with care.

- Do not be concerned with understanding every word; your goal should be simply to do the task that is asked of you in the activity.

- Replay the tape or CD as many times as needed.

- Your instructor may choose to correct these activities or provide you with an answer key. In any case, after correcting your work, listen to the tape or CD again to hear anything you may have missed.

Conclusion

Through conscientious use of the Workbook and Lab Manual, you should make good progress in your study of Spanish. If you need additional practice, try the Computer Study Modules, which can provide a solid review before exams or quizzes.

Workbook

CAPÍTULO PRELIMINAR

La vida universitaria

Actividad 1: La lógica. Lee las oraciones de la columna A y busca una respuesta lógica de la columna B.

A

1. Me llamo Andrés, ¿y tú? _____
2. ¿Cuál es tu especialización? _____
3. ¿Cuál es tu apellido? _____
4. ¿Cuántos años tienes? _____
5. ¿En qué año de la universidad estás? _____

B

a. Rodríguez.
b. 22.
c. Illinois.
d. Antonio.
e. Tercero.
f. Ingeniería.

Actividad 2: Datos personales. Contesta estas preguntas con oraciones completas.

1. ¿Cómo te llamas? _____
2. ¿Cuál es tu apellido? _____
3. ¿Cuántos años tienes? _____
4. ¿De dónde eres? _____
5. ¿Estás en primer, segundo, tercer o cuarto año de la universidad? _____

_____

Actividad 3: Preguntas. Lee esta conversación entre Ana, una estudiante, y el Sr. Peña, su nuevo profesor. Después, rellena los espacios con las siguientes palabras: **cómo, cuál, cuáles, cuándo, cuántas, cuántos, de dónde, dónde, por qué, qué** o **quién.**

Sr. Peña: Soy el Sr. Peña. ¿_____ te llamas?
Ana: Ana. Ana Maldonado.
Sr. Peña: Encantado.
Ana: Igualmente.
Sr. Peña: ¿_____ eres?
Ana: De Cali.
Sr. Peña: Pues yo también. ¿Y _____ es tu apellido?
Ana: Palacios.
Sr. Peña: ¿Y tu segundo apellido?
Ana: Montes.

Sr. Peña:	¿_____ vive tu familia?	
Ana:	En la calle 8, número 253. ¿_____ quiere saber?	
Sr. Peña:	Es una casa grande con muchas flores en las ventanas y tu hermano se llama Rogelio, ¿no?	
Ana:	¿_____ sabe Ud. todo eso?	
Sr. Peña:	Porque mi familia vive en el número 255.	
Ana:	¡No me diga!	

Actividad 4: Las materias. Usa la siguiente lista de materias para clasificarlas según las indicaciones.

administración de empresas	cálculo	estudios de la mujer	japonés	química
alemán	ciencias políticas	estudios étnicos	latín	relaciones públicas
anatomía	cine	filosofía	lingüística	religión
antropología	computación	geometría	literatura	ruso
arqueología	comunicaciones	analítica	mercadeo	sociología
arte	contabilidad	historia	música	teatro
astronomía	economía	ingeniería	pedagogía	zoología
			psicología	

Humanidades   **Ciencias**   **Negocios**

_____   _____   _____

_____   _____   _____

_____   _____   _____

_____   _____   _____

_____   _____   _____

Actividad 5: Tus preferencias. Usa la lista de materias de la Actividad 4 para contestar estas preguntas.

1. ¿Qué cursas este semestre? _____

_____

2. ¿Cuál es tu especialización? _____

_____

3. ¿Cuál es la materia más difícil para ti? _____

_____

4. ¿Cuál es la materia más fácil para ti? _____

_____

5. ¿Cuál es la especialización más fácil de tu universidad? _____

_____

6. ¿Cuál es la especialización más popular de tu universidad? _____

_____

Actividad 6: Las facultades. Asocia las facultades de la columna A con las materias que ofrecen de la columna B. Puede haber más de una posibilidad para cada facultad.

A. Facultades		B. Materias
1. Filosofía y Letras	_____	a. sociología
2. Derecho (*Law*)	_____	b. contabilidad
3. Medicina	_____	c. francés
4. Negocios	_____	d. relaciones públicas
5. Biología	_____	e. zoología
		f. anatomía
		g. mercadeo
		h. ciencias políticas
		i. computación
		j. estudios étnicos

Actividad 7: Los horarios. Completa los horarios de dos estudiantes típicas. Mira la especialización de cada una y decide qué clases deben tomar. Escribe seis materias para cada estudiante (puedes usar la lista de la Actividad 4).

Victoria León, estudiante de medicina

Hora	lunes	martes	miércoles	jueves	viernes
8'30–9'30					
9'45–10'45					
11'00–12'00					
12'15–1'15					
1'30–2'30					
2'45–3'45					
4'00–5'00					

Cruz Lerma, estudiante de economía

Hora	lunes	martes	miércoles	jueves	viernes
8'30–9'30					
9'45–10'45					
11'00–12'00					
12'15–1'15					
1'30–2'30					
2'45–3'45					
4'00–5'00					

Actividad 8: El horario de Beatriz. Lee el horario de Beatriz y contesta las preguntas con oraciones completas. Escribe la hora en palabras.

Hora	lunes	martes	miércoles	jueves	viernes
8'30–9'30	mercadeo		mercadeo		mercadeo
9'45–10'45	cálculo	inglés	cálculo	inglés	cálculo
11'00–12'00	economía	inglés	economía	inglés	economía
12'15–1'15	relaciones públicas	computación	relaciones públicas	computación	relaciones públicas
1'30–2'30					
2'45–3'45					
4'00–5'00	Clase de karate en el club de Pedro				

1. ¿A qué hora es la primera clase de Beatriz los lunes? _____

_____

2. ¿A qué hora es su primera clase los martes y jueves? _____

_____

3. ¿A qué hora termina ella las clases en la facultad? _____

_____

4. ¿Qué clase cursa en el club de Pedro y a qué hora es? _____

_____

5. ¿Estudia Beatriz medicina, negocios, derecho u otra cosa? _____

_____

6. ¿Cuándo puede almorzar? _____

_____

Actividad 9: Las preferencias.

Parte A: Completa estas frases con las palabras necesarias, por ejemplo: **A él le** .

1. A _____ te

2. _____ _____ me

3. A Juan y _____ mí _____

4. _____ Marta _____

5. _____ Uds. _____

6. _____ Ud. _____

7. _____ Rafael y _____ _____ nos

8. _____ Pedro y _____ Ana _____

9. _____ _____ les

10. _____ Sr. Ramírez y _____ _____ Sra. Bert _____

Parte B: Termina estas frases con la forma correcta del verbo indicado, por ejemplo:

__gustan__ **las clases (gustar)**

1. _____ los profesores de esta universidad (caer mal)

2. _____ los laboratorios (fascinar)

3. _____ hablar de política (molestar)

4. _____ los trabajos escritos (encantar)

5. _____ hacer investigación en la biblioteca (interesar)

6. _____ los problemas sociales (importar)

7. _____ ir a todos los partidos de fútbol (fascinar)

Parte C: Usando una frase de la Parte A y una frase de la Parte B, forma cinco oraciones diferentes.

1. _____

2. _____

3. _____

4. _____

5. _____

Actividad 10: Tus preferencias. Usa la forma correcta de los siguientes verbos para indicar tus preferencias: **fascinar, encantar, gustar, caer bien/mal, no importar, interesar, molestar.**

1. _____ leer novelas.

2. _____ usar computadoras IBM.

3. _____ mis clases este semestre.

4. _____ mis profesores este semestre.

5. _____ tener estudiantes graduados como profesores.

6. _____ las clases con mucha participación oral.

7. _____ hacer experimentos en las clases de ciencia.

8. _____ tener exámenes con frecuencia en vez de un solo examen al final del curso.

9. _____ los exámenes orales.

Actividad 11: Clasifica. Usa esta lista de adjetivos para completar las oraciones que siguen. Es posible usar el mismo adjetivo varias veces.

aburrido/a	cómico/a	encantador/a	ingenioso	liberal
activo/a	conservador/a	enorme	insoportable	pesado/a
admirable	corto/a	estricto/a	intelectual	rígido/a
atento/a	creativo/a	fácil	interesante	sabio/a
brillante	creído/a	grande	justo/a	sensato/a
capaz	difícil	hiperactivo/a	largo/a	sensible
cerrado/a	divertido/a	honrado/a	lento/a	tranquilo/a

1. Los profesores excelentes son _____ , _____ y

    _____ y no son _____ .

2. Una clase interesante es _____ , _____ y

    _____ y no es _____ .

3. Un amigo bueno es _____ , _____ y

    _____ y no es _____ .

4. Una hermana fantástica es _____ , _____ y

    _____ y no es _____ .

5. Unos padres buenos son _____ , _____ y

    _____ y no son _____ .

Actividad 12: Tu futuro inmediato. Contesta estas preguntas sobre tu futuro.

1. ¿Vas a cambiar tu horario este semestre o te gusta tu horario? _____

    _____

2. ¿Qué materias vas a cursar el semestre que viene? _____

    _____

3. ¿Qué profesor/a va a dar los exámenes más difíciles este semestre? _____

    _____

4. ¿En cuáles de tus clases vas a recibir buena nota este semestre? _____

    _____

5. ¿Cuándo vas a tener tu primer examen este semestre y en qué clase? _____

    _____

> ***NOTE:*** *In this workbook you will be asked to write about personal topics, such as your family, friends, feelings, and opinions. Feel free to express yourself truthfully or to make up responses. At no time are you obligated to actually tell the truth. The point is to create with language and to improve your communication skills.*

Actividad 13: Minipárrafos. Completa estos párrafos sobre tus gustos de una forma lógica.

Me encanta mi clase de _____ porque _____

_____

_____

_____

(Marca "mal" o "bien" y "profesor" o "profesora" antes de escribir el siguiente párrafo.)

Me cae $\begin{Bmatrix} \text{bien} \\ \text{mal} \end{Bmatrix}$ mi $\begin{Bmatrix} \text{profesora} \\ \text{profesor} \end{Bmatrix}$ de _____ porque _____

_____

_____

Me molestan las personas que son _____

_____ porque _____

_____

_____

_____

Actividad 14: Tu horario. Completa este horario con tus clases y después contesta las preguntas que siguen.

Mi horario de clases:

Hora	lunes	martes	miércoles	jueves	viernes

1. ¿Cuáles de tus clases te encantan? _____

_____

2. ¿Cuál es tu clase más fácil? _____

_____

3. ¿Cuál es tu clase más difícil? _____

_____

4. ¿Te caen bien tus profesores? _____

_____

5. ¿Cuál es tu clase más grande? ¿Cuántos estudiantes hay en esa clase? _____

_____

6. ¿Cuál es tu clase más pequeña? ¿Cuántos estudiantes hay en esa clase? _____

_____

7. ¿Cómo es el principio del semestre? ¿Vas a cambiar o dejar alguna clase? _____

_____

8. ¿Te molesta la hora, el/la profesor/a, la cantidad de trabajo u otro aspecto de tus clases?

_____

_____

CAPÍTULO

 1 *Nuestras costumbres*

Actividad 1: Miniconversaciones. Completa las siguientes conversaciones. Primero, lee la conversación y escoge el verbo apropiado. Después, escríbelo usando la forma correcta.

1. — _____ tú a Ramón Valenzuela?

   — Claro que sí, y _____ a su padre también. (regresar, conocer)

2. — Cuando Uds. _____ a bailar, ¿adónde van?

   — Si _____ temprano, vamos al Gallo Rojo y si _____ tarde, vamos a La Estatua de Oro.

   — Yo no _____ mucho, pero normalmente voy al Gallo Rojo también. (hacer, salir)

3. — ¿Dónde _____ Ud.?

   — En junio, julio y agosto _____ en Bariloche o Las Leñas en Argentina, y en enero, febrero y marzo _____ en el Valle de Arán en los Pirineos en España. Tengo que estar preparada para las Olimpiadas. (correr, esquiar)

4. — Mis abuelos y mis tíos viven a una hora de aquí ahora.

   — Entonces, ¿_____ a tus parientes con frecuencia?

   — Sí, _____ a mis abuelos todos los domingos para comer. Mi abuela es una cocinera excelente y siempre prepara algo delicioso. (visitar, comer)

5. — ¿Qué video va a _____ Ud.? *¿Mujeres al borde de un ataque de nervios* o *La historia oficial?*

   — Yo siempre _____ dramas, entonces *La historia oficial.* (escoger, practicar)

6. — Alfredo, ¿_____ a Juan con frecuencia?

   — _____ a Tomás, pero a Juan no. No estamos en la misma oficina ahora. (charlar, ver)

Actividad 2: La vida estudiantil. Usa las acciones de la siguiente lista para escribir oraciones que describan a los estudiantes que conoces.

ahorrar dinero	faltar a más de dos clases	pasar una noche en vela
alquilar videos	por semana	practicar deportes
asistir a todas las clases	flirtear en las fiestas	sacar buenas notas
bailar en discotecas	gastar dinero	salir con sus profesores
comer bien	hacer dieta	trabajar 40 horas por
escuchar música clásica	hacer ejercicio	semana
estudiar más de 20 horas	hacer gimnasia	vivir con sus padres
por semana	participar en discusiones	

Cosas que hacen los estudiantes con frecuencia:

1. _Alquilan videos._
2. _____
3. _____
4. _____
5. _____
6. _____

Cosas que no hacen los estudiantes normalmente:

1. _No trabajan 40 horas por semana._
2. _____
3. _____
4. _____
5. _____
6. _____

Actividad 3: Los buenos y los malos. Contesta estas preguntas sobre las acciones de los estudiantes de una manera original.

1. ¿Cuáles son tres cosas que hace un estudiante en clase cuando está aburrido?

_____

_____

2. Cuando un estudiante falta a clase, ¿cuáles son tres cosas que hace en vez de ir a clase?

_____

_____

3. ¿ Cuáles son tres actividades que hacen los estudiantes en vez de estudiar por la noche?

_____

_____

4. ¿Qué hacen los estudiantes los fines de semana que normalmente no hacen durante los días de clase?

_____

_____

Actividad 4: Tus hábitos. Contesta estas preguntas sobre tus costumbres.

1. ¿Cuántas horas por semana estudias normalmente? _____

_____

2. ¿Faltas a muchas clases o a pocas clases en un semestre? _____

_____

3. ¿Participas en tus clases o no hablas mucho? _____

_____

4. ¿Escoges clases con profesores buenos e inteligentes o clases fáciles? _____

_____

5. ¿Cuándo haces investigación? ¿Al último momento o con anticipación?

_____

6. ¿Pasas muchas noches en vela antes de tus exámenes o estudias con anticipación? _____

_____

7. ¿Sacas buenas notas o notas regulares? ¿Por qué? Según tus respuestas a las preguntas 1 a 6, ¿tienes buenos o malos hábitos de estudio? _____

_____

_____

Actividad 5: Un dilema. Una estudiante escribió la siguiente carta a una revista para pedir consejos. Completa la carta con los verbos apropiados de las listas que están al lado de cada párrafo. Es posible usar los verbos más de una vez.

Querida Esperanza:

asistir   Yo _____ una estudiante buena y estoy en tercer año de

compartir   la carrera universitaria. Este año, mi hermana menor

estar   _____ conmigo. Nosotras _____ un

faltar   apartamento cerca de la universidad. Yo _____ a todas

fotocopiar mis clases, pero ella _____ a clase con frecuencia. Cada

ir   semana ella tiene 18 horas de clase pero sólo _____ a

ser   10 horas de clase. Ella dice que no es problemático porque los otros

tomar   estudiantes _____ apuntes y ella lo _____ todo.

                Ella siempre _____ clases fáciles. A ella no le gusta

bailar   _____ investigación y por eso sólo _____

beber   clases con exámenes y sin trabajos escritos. Creo que está muy bien por un

comer   semestre, pero me _____ mucho su actitud. Ella no

escoger   estudia mucho, pero _____ mucho con sus amigas.

gastar   Ellas _____ en las discotecas, _____

hacer   en restaurantes y _____ mucha cerveza. Una cosa buena

manejar   es que no _____ porque no tienen carro, pero tampoco

molestar tienen dinero para gastos necesarios porque _____ todo el

pasar   dinero en los bares y en las discotecas. Luego, como pasa el tiempo

salir   divirtiéndose, cuando ella tiene exámenes, siempre _____

                noches en vela y eso no es bueno.

discutir   Yo _____ responsable e inteligente, pero no

saber   _____ qué hacer con mi hermana. Si ella continúa así

sacar   va a _____ muy malas notas y va a tener una vida muy

ser   difícil. No puedo hablar con ella porque últimamente nosotras sólo

                _____. ¿Qué puedo hacer?

                          Responsable pero desesperada

Actividad 6: ¿Cuánto tiempo hace que ...

Contesta las siguientes preguntas sobre tu familia usando oraciones completas (incluye un verbo en cada respuesta). ¡OJO! Según tus respuestas, es posible que no tengas que contestar todas las preguntas.

> **NOTE:** Remember to use **hace** + time expression + present tense of verb *when stating how long an action has been going on. When you are not exactly sure of the duration, insert* **como** *before the time period.*

1. ¿Dónde viven tus padres? _____

   ¿Cuánto tiempo hace que viven allí? _____

   _____

   ¿Te gusta la ciudad donde viven ellos? _____

   _____

2. ¿Trabaja tu padre o está jubilado? Si trabaja, ¿dónde trabaja y qué hace? _____

   _____

   Si trabaja, ¿cuánto tiempo hace que trabaja? Si está jubilado, ¿cuánto tiempo hace que está

   jubilado? _____

   ¿Y tu madre? _____

   _____

   _____

3. ¿Cuánto tiempo hace que estudias en esta universidad? _____

   _____

   ¿Dónde vives? ¿En una residencia estudiantil, en un apartamento, con tu familia? ¿Cuánto

   tiempo hace que vives allí? _____

   _____

4. Si no vives con tu familia, ¿con quién o quiénes vives? _____

   _____

   ¿Te caen bien o mal tus compañeros? ¿Por qué? _____

   _____

Actividad 7: Clasifica.

Parte A: Clasifica los siguientes verbos según las categorías indicadas.

ahorrar	conocer	empezar	pedir	probar	servir
almorzar	costar	encontrar	pensar	querer	soler
cerrar	decir	entender	perder	repetir	tener
comenzar	dormir	jugar	poder	sacar	venir
compartir	elegir	manejar	preferir	seguir	volver

e ➡ ie	o ➡ ue	e ➡ i	u ➡ ue	Verbos sin cambios de raíz (*stem*)

Parte B: Pon una estrella (*) después de los verbos que tienen una forma irregular o un cambio ortográfico (*change in spelling*) en la primera persona (la forma de **yo**) del presente del indicativo.

Actividad 8: Miniconversaciones. Completa las siguientes conversaciones. Primero, lee la conversación y escoge el verbo apropiado. Después escríbelo usando la forma correcta.

1. — No sé qué hacer con mi clase.

   — ¿Qué pasa?

   — Los estudiantes no _____ mis explicaciones.

   — ¿Quieres ir a mi clase para ver lo que hago yo? (preferir, entender)

2. — ¿Qué _____ hacer Uds. en el futuro?

   — Después de casarnos, _____ vivir en un apartamento que ahora alquila mi madre. (comenzar, pensar)

3. — ¿A qué hora _____ la exhibición en la galería?

   — _____ a las ocho en punto, pero el cóctel y la música

   _____ a las seis y media. (empezar, venir)

4. — Juan es estudiante y trabaja sólo 10 horas por semana, pero siempre

_____ dinero.

— Es increíble, ¿no? Yo no _____ nada y gasto muy poco. (ahorrar, costar)

5. — ¿_____ Francisca sus apuntes contigo?

— Francisca es muy egoísta. No _____ nada con nadie. (compartir, pedir)

6. — ¿Qué _____ Alejandro de sus vecinos?

— No mucho. Pero nosotros _____ que ellos están locos. (probar, decir)

7. — ¿_____ Uds. a la facultad para asistir a las conferencias este fin de semana?

— José Carlos _____ el viernes por la tarde, pero Marcos y yo

_____ el sábado. (dormir, venir)

Actividad 9: La respuesta. En la Actividad 5, completaste una carta de una estudiante. Ahora vas a completar la respuesta a esa carta. Primero, lee la carta de la Actividad 5. Segundo, lee la respuesta. Tercero, completa la carta con la forma correcta de los verbos que están al lado de cada párrafo. Se pueden usar los verbos más de una vez.

Querida Responsable pero desesperada:

empezar   ¿Qué _____ hacer tú? Absolutamente nada. Tu

entender   hermana no es una niña pequeña, ya _____ una mujer

ir   joven y las mujeres jóvenes toman sus propias decisiones. Algunas van

poder   a ser buenas y otras _____ a ser malas. Ella es rebelde y,

probar   por eso, lo _____ todo. En este momento tu hermana

ser   no _____ las consecuencias de sus actos. Pronto va a

                _____ a ser más responsable.

cerrar   Si _____ ser una hermana buena, no lo

pedir   _____ criticar todo. Si ella _____ ayuda,

poder   entonces puedes dar tu opinión. Si tú _____ con tu

querer   crítica, _____ la puerta de la comunicación con ella.

seguir   Debes aceptar que tú no _____ su madre sino su

ser   hermana y que hay mucha diferencia.

                                       Con esperanza de Esperanza

Actividad 10: Los estudiantes en general y Uds. Vas a escribir pares de oraciones: una que describa a los estudiantes en general, y otra que te describa a ti y tus amigos.

1. dormir bien todas las noches

   Los estudiantes: _Ellos_   Tus amigos y tú: _Nosotros_

   _____   _____

2. soler beber mucho alcohol en las fiestas

   Los estudiantes: _____   Tus amigos y tú: _____

   _____   _____

3. tener mucho tiempo libre

   Los estudiantes: _____   Tus amigos y tú: _____

   _____   _____

4. querer vivir en las residencias estudiantiles

   Los estudiantes: _____   Tus amigos y tú: _____

   _____   _____

5. preferir alquilar apartamento

   Los estudiantes: _____   Tus amigos y tú: _____

   _____   _____

6. soler participar en actividades culturales de la universidad

   Los estudiantes: _____   Tus amigos y tú: _____

   _____   _____

7. pensar en la ecología

   Los estudiantes: _____   Tus amigos y tú: _____

   _____   _____

8. pensar votar en las próximas elecciones

   Los estudiantes: _____   Tus amigos y tú: _____

   _____   _____

   Según tus oraciones, ¿son tus amigos y tú estudiantes típicos o atípicos? ¿Por qué?

   _____

   _____

   _____

Actividad 11: Los deseos. En este momento estás haciendo la tarea, pero no quieres hacer esto. ¿Qué te gustaría hacer?

Actividad 12: El futuro ideal. Piensa en tu vida y escribe cuatro deseos para el año 2015. Usa quisiera en cada oración, por ejemplo: **Para el año 2015, quisiera tener tres hijos.**

1. _____
2. _____
3. _____
4. _____

Actividad 13: Las obligaciones. Escribe tres cosas que tienes que hacer mañana y tres cosas que tiene que hacer tu mejor amigo o amiga. Usa **tener que** + *infinitivo.*

Yo   **Mi amigo/a**

1. _____   1. _____
2. _____   2. _____
3. _____   3. _____

Actividad 14: Las excusas. Responde a estas invitaciones de forma negativa, dando excusas. Usa la imaginación.

1. ¿A Uds. les gustaría ir al teatro mañana por la noche?

_____

_____

2. Quisiera ver el partido de béisbol entre Ponce y Mayagüez el viernes por la tarde. ¿Puedes comprar las entradas?

_____

_____

Actividad 15: Tu carrera y tu futuro. Contesta estas preguntas sobre tu futuro.

1. ¿Cuál es tu especialización? _____

2. En el futuro, ¿qué te gustaría ser y por qué? _____

3. ¿Qué no te gustaría ser y por qué? _____

4. ¿Dónde quisieras vivir y por qué? _____

Actividad 16: El árbol genealógico. Mira el árbol genealógico en la página 28 de tu libro de texto *Fuentes: Conversación y gramática* para terminar las siguientes oraciones de una forma lógica.

1. El _____ de Estela está muerto, pero todavía vive su _____ Marisa García Sánchez.

2. Teresa López Agote es la _____ de Andrés y Maricarmen.

3. Fernanda y Hernán son los _____ de Dolores, pero están

   _____.

4. Juan es el _____ de Isabel.

5. David es el _____ de María Cristina y Gabriel.

6. Isabel es la _____ de Fernanda.

7. Gabriel es el _____ de Hernán.

8. Lucía es _____. No tiene hermanos.

9. Valeria está _____, pero no piensa casarse otra vez.

10. Juan está _____ con Fernanda y tienen un

    _____ que se llama Jorge.

Algo extra: ¿Cuáles son los apellidos de Hernán? _____ _____

Actividad 17: Los parientes. Completa estas oraciones sobre familias famosas.

> **NOTE: padres** = *parents*,
> **parientes** = *relatives*.

1. Paloma Picasso es la _____ de Pablo Picasso, el artista famoso.

2. Chelsea Clinton no tiene hermanos, es la _____ de Hillary y Bill Clinton.

3. Nancy Reagan es la _____ de Patty Davis.

4. Arnold Schwarzenegger es el _____ de Ted Kennedy porque está
_____ con María Shriver, la _____ de Ted Kennedy.

5. Brooke Shields está _____ de André Agassi.

6. Shirley MacLaine y Warren Beatty son _____ .

7. Yoko Ono es _____ porque su esposo John Lennon está _____ .

Actividad 18: Tus parientes. Contesta estas preguntas sobre tu familia.

1. ¿Cómo se llaman tus abuelos paternos? ¿Y tus abuelos maternos? ¿Sabes cómo se llaman

   tus bisabuelos? _____

   _____

   ¿Están muertos o vivos? _____

   _____

2. ¿Cuántos nietos tienen tus abuelos maternos? ¿Y tus abuelos paternos? _____

   _____

3. ¿Tienes un hermano casado o una hermana casada? _____

   _____

4. ¿Cuántos sobrinos tienes? _____

   Si tienes sobrinos, ¿cuántos años tienen? _____

   _____

5. ¿Tienes hermanastros? _____

   _____

6. ¿Tienes un tío divorciado o una tía divorciada? _____

   _____

7. ¿Quién es tu primo/a favorito/a? _____

   Explica tu relación con él/ella, por ejemplo: es el hijo de mi …

   _____

Actividad 19: ¿Cuánto sabes? Intenta identificar las profesiones de estas personas.

1. Spock, Kevorkian, Barnard, Ramón y Cajal: _____

2. Rita Moreno, Debbie Allen, Lisa Kudrow, Cameron Díaz: _____

3. Francisco Franco, George Patton, Colin Powell: _____

4. Lee Iacocca, Bill Gates, Ross Perot: _____

5. Marie Curie, Louis Pasteur: _____

6. Miguel de Cervantes, Gabriel García Márquez, Isabel Allende: _____

7. Joan Miró, Frida Kahlo, El Greco, Francisco de Goya, Salvador Dalí: _____

8. Almodóvar, Saura, Spielberg: _____

9. Augusto Pinochet, Bill Clinton, Violeta Chamorro, Trent Lott, Golda Meir: _____

10. Antonio Gaudí, Luis Barragán, Frank Lloyd Wright: _____

11. Florence Nightingale: _____

Actividad 20: Las profesiones. Explica qué hace una persona que tiene las siguientes ocupaciones, empezando con la frase **Es una persona que ...**

1. artesano: _____

_____

2. chofer: _____

_____

3. plomero: _____

_____

4. psicóloga: _____

_____

5. carpintero: _____

_____

Actividad 21: Asociaciones. Asocia estas personas con palabras relacionadas con la descripción física.

barba   calvo/a   cicatriz   frenillos   ojos azules   pelirrojo/a
bigotes   canoso/a   cola de caballo lunar   patillas   tatuajes

1. Lucille Ball _____   5. Cher _____

2. Fidel Castro _____   6. Scarface _____

3. Elvis _____   7. Paul Newman _____

4. Jesse Ventura _____   8. Salvador Dalí _____

Actividad 22: Se busca. Trabajas para la policía y tienes que escribir una descripción física de estas dos personas.

SE BUSCA

93725917-A

Ramón Piera Vargas

Color de ojos: verde
Color de pelo: _____
Señas particulares:

_____
_____
_____
_____

SE BUSCA

87442957-C

María Elena Muñoz

Color de ojos: café
Color de pelo: _____
Señas particulares:

_____
_____
_____
_____

Actividad 23: ¡Descríbete! ¿Cómo eres? Lee esta descripción de una persona y después escribe una descripción sobre ti mismo/a.

Soy un poco calvo, pero tengo pelo liso y largo que normalmente me ato en una cola de caballo. Soy pelirrojo. También tengo patillas y bigotes. Mi cara es redonda y tengo ojos azules. Tengo una cicatriz pequeña debajo del ojo derecho. Tengo labios gruesos y llevo frenillos. ¿Qué opinas? ¿Soy atractivo?

¿Cómo eres tú?

_____
_____
_____
_____
_____

Actividad 24: Miniconversaciones. Completa estas conversaciones con **a, al, a la, a los, a las** o deja el espacio en blanco cuando sea necesario.

NOTE: *Many uses of* **a** *appear in the conversations in* **Actividad 24,** *not just the personal* **a.**

1. — ¿Vas _____ venir?

— No puedo. Tengo que visitar _____ Sra. Huidobro. Está en el hospital, ¿sabes?

— No, no lo sabía.

2. — Todos los días mi vecina de 105 años cuida _____ sus plantas, lleva

_____ sus bisnietos al colegio y visita _____ su hijo que está en una casa de ancianos.

— Es una mujer increíble.

3. — ¿_____ padre de Beto le gusta la música de Juan Luís Guerra?

— Le fascina. Escucha _____ su cinta *Arieto* todos los días en el carro.

4. — Buscamos _____ jugadores de basquetbol.

— Nosotros jugamos al basquet.

— Es que queremos formar _____ una liga para jugar todos los sábados. ¿Les interesa jugar?

— ¿_____ nosotros? ¡Claro!

5. — ¿Cuántos empleados tiene la fábrica nueva?

— Tiene _____ 235 personas.

— ¿Tantas? No sabía.

6. — Bueno, yo traigo _____ tortillas, _____ salsa y

_____ guacamole a la fiesta. ¿Y tú?

— Traigo _____ Verónica.

— ¡Oye! ¡No es justo!

Actividad 25: ¡Qué viaje!

Parte A: Paula acaba de llegar a Oaxaca, México, con un grupo de estudiantes norteamericanos para hacer un curso de verano y le escribe una carta a un amigo mexicano que vive en los Estados Unidos. Completa la carta con **a, al, a la, a los, a las** o deja el espacio en blanco cuando sea necesario.

Oaxaca, 25 de julio

Querido Alberto:

Por fin estoy con mi familia mexicana en Oaxaca después de un viaje muy largo. Todavía no tengo mi ropa, pero la aerolínea dice que las maletas van _____ llegar pronto. No sé por qué, pero siempre pierdo _____ las maletas. Conozco _____ otros del grupo, pero quiero hacerme amiga de los mexicanos. Me dicen que tengo que conocer _____ Sr. Beltrán, uno de los directores de nuestro grupo que es muy gracioso.

Mi familia es fabulosa. La madre prepara _____ comida deliciosa y creo que ya peso dos kilos más. Mis hermanos mexicanos son muy extrovertidos y tocan _____ la guitarra muy bien. Dicen que por la noche cantan _____ serenatas para sus novias. No sé si es verdad o no, pero sí sé que son muy divertidos, _____ muchachos les gusta salir con frecuencia. _____ mí me encanta tu país y quiero volver el verano que viene. _____ todos los del grupo nos fascinan, más que nada, los colores. Se ven colores brillantes por todos lados. Creo que voy comprar mucha artesanía. Conozco _____ un artesano fabuloso. Se llama Javier Mejía y en su tienda vende _____ figuras de papel maché. Quiero aprender _____ hacer estas figuras. Ahora pienso buscar _____ un profesor de artesanía típica.

Por la mañana, asistimos _____ clase tres horas y el resto del tiempo visitamos _____ museos o ruinas zapotecas. Todos los días aprendemos _____ palabras nuevas muy útiles. Vamos _____ ir a Monte Albán mañana y _____ Mitla la semana que viene. Algún día quiero _____ trabajar de arqueóloga y poder excavar ruinas.

Bueno, me tengo que ir. Javier y yo vamos _____ Cafetería Palacio esta tarde, después _____ cine y más tarde pensamos ir _____ un restaurante. Él es muy simpático, ¿sabes? Saludos _____ todos mis amigos.

Besos y abrazos de

Paula

Parte B: La forma de escribir una carta en español varía un poco de como se escribe en inglés. Contesta estas preguntas para aprender cómo se escribe una carta en español.

1. En inglés empezamos con la fecha. En español también debes incluir la fecha, pero hay algo antes. ¿Qué es? _____

2. ¿Quién escribe la carta de la Parte A? _____ ¿Quién recibe la carta? _____ ¿Son amigos o es una carta formal? _____ En inglés usamos una coma después del saludo (*Dear Alberto,*). ¿Qué usan en español: coma o dos puntos? _____

3. La despedida de la carta dice **Besos y abrazos de Paula.** ¿Son simplemente amigos o son novios Paula y Alberto? _____

Actividad 26: Evitando la redundancia.
Lee las siguientes conversaciones y reescríbelas de una forma más normal, sin redundancias. Omite sujetos, usa pronombres como **yo, tú, él, ella,** etc., o usa pronombres de complementos directos como **lo, la, los, las.**

1. — ¿Tú quieres comer albóndigas con papas esta noche?

— No, todas las noches como albóndigas con papas y cuando voy a casa de la abuela, siempre prepara albóndigas con papas.

— Bueno, esta noche tú tienes que comer albóndigas o salir forzosamente al mercado a comprar algo.

_____

_____

_____

_____

_____

_____

2. — ¿Cuándo vas a terminar la redacción?

— Yo estoy terminando la redacción ahora mismo.

— ¿Para cuándo quiere la redacción la profesora Zamora?

— Yo creo que la profesora Zamora dice que quiere la redacción para el viernes. Antes de entregar la redacción, yo voy a llamar a Gloria para oír la opinión de Gloria. Gloria siempre lee mis redacciones y comenta mis redacciones.

_____

_____

_____

_____

_____

Actividad 27: Las relaciones. Explica quién hace cada acción más, ¿tus amigos o tus padres?

1. llamarte por teléfono _____

2. invitarte a salir _____

3. conocerte mejor _____

4. criticarte sin ofenderte _____

5. respetarte como individuo _____

Actividad 28: En este momento. Contesta estas preguntas. No tienes que usar los nombres de las personas; puedes escribir sólo sus iniciales. Si el complemento directo puede ir en dos lugares, escribe las dos posibilidades.

→   ¿Quién va a llamarte mañana?

JC me va a llamar mañana. / JC va a llamarme mañana.

1. ¿Quién te quiere más que nadie en el mundo? _____

_____

2. ¿Quién quiere visitarte en este momento? _____

_____

3. ¿Quién te va a invitar a salir este fin de semana? _____

_____

4. ¿Quién te está buscando ahora mismo y no te puede localizar? _____

_____

Actividad 29: Los vendedores.

Parte A: Contesta estas preguntas sobre los vendedores de las tiendas.

1. Cuando tus amigos y tú entran en la librería de la universidad, ¿los saluda un vendedor

o una vendedora? _____

2. ¿Los vigila alguien? _____

_____

3. ¿Los atiende el vendedor / la vendedora con cortesía? _____

_____

4. ¿Los atiende con eficiencia o los hace esperar? _____

_____

Parte B: Eres muy cínico/a (*cynical*). Forma oraciones quejándote de los vendedores más insoportables del mundo. Después agrega (*add*) más quejas. Por ejemplo:

→ parar al entrar en la tienda para saludar

Nos paran al entrar en la tienda para saludarnos. Me molesta mucho porque no conozco a estas personas. Siempre me preguntan sobre el tiempo. La tienda tiene ventanas y ellos tienen ojos.

1. enseñar el modelo más caro _____

_____

_____

2. no dejar en paz si solamente queremos mirar _____

_____

_____

3. no escuchar con cuidado cuando explicamos qué queremos _____

_____

_____

Actividad 30: Una persona que admiro.

Parte A: El periódico de la universidad te pidió un artículo sobre un/a pariente que admiras mucho. Antes de escribir el artículo, anota algunas ideas sobre esa persona.

> **NOTE:** *Review writing strategies in* Chapter 1 *of* Fuentes: Literatura y redacción.

Nombre _____

Parentesco (hermano/a, tío/a, etc.) _____

Descripción física _____, _____, _____

_____, _____

Descripción de su personalidad _____, _____,

_____, _____, _____

Ocupación _____

Gustos (Le gusta ..., le fascina ..., etc.) _____, _____,

_____

Qué hace normalmente (corre, trabaja, juega al ...) _____,

_____, _____

Planes futuros (va a ...) _____, _____, _____

Por qué admiras a esa persona _____

_____

Parte B: Organiza tus apuntes de la Parte A y decide qué vas a incluir y qué no vas a incluir en tu artículo. Escribe dos párrafos sobre esa persona que admiras.

_____

_____

_____

_____

_____

_____

_____

_____

_____

_____

_____

_____

_____

_____

_____

_____

CAPÍTULO

La vida cotidiana

Actividad 1: Las malas costumbres. Lee las siguientes acciones y escribe oraciones para decir si haces tú algunas de estas acciones o si las hace tu compañero/a de cuarto o apartamento.

afeitarse y (no) limpiar el lavabo
dejar cosas por todas partes
bañarse y (no) limpiar la bañera
despertarse temprano y hacer mucho ruido
cepillarse los dientes y no poner la tapa en la
   pasta de dientes
(no) apagar las luces al salir
(no) lavar los platos después de comer

(nunca) quitar la comida podrida de
   la nevera
dormirse en el sofá
acostarse tarde y hacer mucho ruido
maquillarse y dejar el lavabo sucio
sentarse siempre en la misma silla para
   mirar televisión
(no) lavarse las manos antes de cocinar

Yo _____

_____

_____

Mi compañero/a _____

_____

_____

Actividad 2: Carta de un amigo. Pablo le escribe a una amiga para contarle acerca de los compañeros en su nuevo trabajo. Completa la carta con los verbos que están al lado de cada párrafo. Puedes usar los verbos más de una vez.

Monterrey, 15/XI/00

Querida Mónica:

aburrirse
divertirse
ocuparse
reírse
sentirse

Te escribo desde mi nuevo trabajo, pero me estoy tomando un pequeño descanso. Mariana y Héctor son mis compañeros de oficina. Nosotros _____ de editar los manuscritos que recibimos de los autores. Tenemos mucho trabajo y es muy variado, por eso nunca _____ . Yo _____ mucho con mi trabajo y con Mariana y Héctor. Nosotros _____ muy cómodos trabajando juntos. Mariana, en especial, es muy graciosa y _____ de todo.

---

darse	Como en toda oficina, tenemos un tipo que es muy
equivocarse	malhumorado y nunca _____ de nada; cree que es
quejarse	perfecto y no acepta cuando _____. Siempre
reírse	_____ de todo, pero un día de estos va a tener que

_____ cuenta de que necesita ser más considerado con los otros trabajadores. Creo que tarde o temprano nuestro jefe va a cansarse de él.

acordarse	La verdad es que no _____ porque trabajo con
ocuparse	gente muy simpática en esta oficina. Tengo suerte porque mi jefe es
preocuparse	una persona muy considerada que _____ por sus
quejarse	empleados; siempre _____ de los cumpleaños de
sentirse	todos y _____ de reunir dinero para comprar

regalos. Así que, aunque tengo muchísimo que hacer _____ muy bien en este trabajo.

irse	A veces _____ después del trabajo cuando los
quejarse	tres tenemos tiempo, aunque hay días que estamos muy ocupados y
reunirse	no _____ de la oficina hasta las ocho de la noche;

pero nosotros no _____ porque muchas veces salimos antes de las cinco.

acordarse	Cambiando de tema, yo nunca _____ de las
darse	charlas eternas que teníamos en el café de la esquina de tu casa. ¿Y tú?
olvidarse	¿_____ de esas charlas tan animadas después de las
reunirse	clases? ¿Todavía _____ con Paco y Lucía en el café?

Me gustaría visitarte, pero _____ cuenta de que estás muy ocupada con la universidad.

Bueno, tengo que terminar un trabajo. Muchos saludos para ti y tus hermanos y escríbeme cuando tengas tiempo.

Un fuerte abrazo de tu amigo,

Pablo

Actividad 3: ¿Cómo son Uds.? Completa las preguntas con las formas apropiadas de los verbos indicados y después contéstalas para decir qué hacen tus amigos y tú.

1. ¿Cómo _____ Uds.? (divertirse)

_____

2. ¿Dónde _____ Uds. para estudiar? (reunirse)

_____

3. Muchos estudiantes tienen interés por la política o por las reglas de la universidad. ¿En qué asuntos _____ Uds.? (interesarse)

_____

4. ¿Adónde _____ Uds. para las vacaciones de primavera? (ir)

_____

5. ¿De qué _____ Uds.? (quejarse)

_____

6. En general, ¿_____ Uds. contentos o frustrados en la universidad?
(sentirse) _____

¿Por qué? _____

Actividad 4: Reacciones.

Parte A: Escribe cinco oraciones usando un verbo de la columna A para expresar tus reacciones a las cosas de la columna B.

→ Me preocupo por el consumo de las drogas ilegales.

A	B
aburrirse con	los problemas raciales de este país
darse cuenta de	la escuela de posgrado
divertirse con	las películas documentales
preocuparse por	el consumo de drogas ilegales
prepararse para	mis compañeros
reírse de	los políticos que mienten
	la gente que bebe demasiado alcohol
	la ecología
	las comedias de la televisión

1. _____

2. _____

3. _____

4. _____

5. _____

Parte B: Ahora, usa tus oraciones de la Parte A para escribir cinco oraciones nuevas sobre las reacciones de otra persona que conoces bien (un pariente o un amigo).

→ **Ramón, mi tío, no se preocupa por el consumo de las drogas ilegales.**

1. _____

2. _____

3. _____

4. _____

5. _____

Actividad 5: El diván del psicólogo. Contesta estas preguntas.

1. ¿Cuándo te enojas? _____

_____

2. ¿Te aburres cuando estás solo/a? _____

3. ¿Te sientes mal o no te preocupas si un amigo está triste? _____

_____

4. ¿Te preocupas por las personas menos afortunadas? Si contestas que sí, ¿haces algo
específico por ellas? _____

_____

5. Si te equivocas, ¿te ríes de tus errores o te sientes como un/a tonto/a?

_____

6. ¿De qué cosas te olvidas? _____

7. ¿Te acuerdas de comprar tarjetas o regalos de cumpleaños para tus amigos y parientes?

_____

_____

8. Si te sientes mal, ¿prefieres estar acompañado/a o solo/a?

_____

Actividad 6: Empieza la función. Son las 8:55 y la obra musical *Evita* empieza a las 9:00. Di
qué están haciendo las siguientes personas en este momento en el teatro:

los actores   los músicos   el crítico
la gente de taquilla (*box office*)   los camareros del bar   el público

➡   escuchar la música   **El público está escuchando la música.**

1. maquillarse _____

2. tocar una canción _____

3. vender entradas _____

4. servir bebidas _____

5. leer el programa _____

6. vestirse _____

7. sacar cuaderno y bolígrafo _____

NOMBRE _____   FECHA _____

Actividad 7: La crítica. Estás harto/a (*fed up*) de algunos de tus vecinos. Escribe cinco oraciones diciendo qué te molesta.

→ **La chica rubia vive hablando de los demás.**

El bebé		cantar ópera
La chica rubia		reírse de todo
La chilena		llorar
El italiano	pasarse la vida	hablar de los demás
El joven mexicano	vivir	criticar a mis amigos
El niño de 10 años		beber cerveza
		jugar con la computadora

1. _____
2. _____
3. _____
4. _____
5. _____

Actividad 8: Los quiero mucho, pero ... Podemos elegir a nuestros amigos, pero no a los parientes. A menudo nos quejamos de los miembros de nuestra familia. Escribe cuatro quejas que tienes de diferentes miembros de tu familia.

→ **Me encanta mi tío Juan, pero se pasa la vida criticando a mi novia y sabe que eso me molesta mucho.**

1. _____
2. _____
3. _____
4. _____

Actividad 9: La ropa. Organiza las siguientes palabras según las categorías indicadas:

un botón	un chaleco	un cuello	un sostén
los calzoncillos	un cinturón	un frac	las suelas
un cierre	los cordones	una solapa	un vestido de fiesta

1. Prendas que se llevan debajo de otras prendas: _____

_____

2. Cosas que se llevan a una fiesta de gala (elegante): _____

_____

3. Partes de un anorak: _____

_____

4. Partes de un par de zapatos: _____

_____

Actividad 10: ¡Qué mal gusto! Mira los siguientes dibujos y haz comentarios sobre la ropa
que llevan las personas. Usa frases como **(no) le combina bien con, le queda bien/mal, está
pasado/a de moda, está de moda.** Justifica tus respuestas.

_____   _____

_____   _____

¿Por qué? _____   ¿Por qué? _____

_____   _____

_____   _____

_____   _____

_____   _____

¿Por qué? _____   ¿Por qué? _____

_____   _____

_____   _____

Actividad 11: Tus costumbres. Contesta estas preguntas acerca de tus gustos y costumbres.

1. Cuando caminas por la calle, ¿paras para mirar vitrinas? _____
_____

2. Cuando compras ropa, ¿qué es más importante: la calidad o la marca? _____
_____

3. Si ves alguna prenda que te encanta, ¿la compras enseguida o esperas las rebajas? _____
_____

4. ¿Siempre compras ropa que está de moda? _____
_____

5. ¿Qué te emociona más: comprar una prenda muy bonita u obtener una ganga? _____
_____

6. ¿Sueles pedir ropa de catálogos o prefieres probarte la ropa primero? _____
_____

7. ¿Combinas bien la ropa o necesitas la ayuda de alguien? _____
_____

8. ¿Todavía llevas alguna prenda que esté pasada de moda, pero que te gusta? _____
_____

Actividad 12: Ropa para toda ocasión. Describe detalladamente la ropa que llevas en las siguientes ocasiones.

1. A clase: _____
_____
_____
_____

2. A una cena elegante: _____
_____
_____
_____

Actividad 13: Problema tras problema. Hoy es un mal día para ti. Completa las siguientes oraciones con el participio pasivo (past participle) de estos verbos: **abrir, descomponer, deshacer, disponer, preparar, resolver.**

1. La cama está _____ .

2. El televisor está _____ .

3. Los problemas con tu compañero no están _____.

4. La puerta de la lavadora está _____ y no se puede cerrar.

5. No puedes terminar tu proyecto y tu jefe no está _____ a oír excusas.

6. Dentro de cinco minutos llegan dos invitados para comer y la comida no está _____.

Actividad 14: La tienda. Tus padres tienen una tienda de regalos y trabajan mucho para ganar dinero. Transforma estas oraciones usando **estar** + *participio pasivo* en vez de las palabras en negrita. Haz todos los cambios necesarios para formar oraciones lógicas.

→ Mis padres **se cansan** mucho trabajando en la tienda.

Mis padres están cansados después de trabajar en la tienda.

1. Mis padres siempre **se frustran** por los problemas de la tienda.

_____

2. Mi padre siempre **se viste** bien.

_____

3. Ellos **abren** la tienda a las 9:00 de la mañana.

_____

4. **Cierran** la tienda a las 7:00.

_____

5. Siempre **ponen** las cosas más caras cerca de la puerta.

_____

6. La computadora siempre **se rompe** y causa problemas.

_____

7. Mis padres siempre **envuelven** las ventas en papel con el logotipo de la tienda.

_____

Actividad 15: Acciones.

Parte A: Di si estás preocupado/a o no por los siguientes problemas. Escribe **sí** o **no** en el espacio.

Me preocupo por ...

1. _____ el alto consumo de alcohol entre los jóvenes.

2. _____ la forma en que funcionan los gobiernos.

3. _____ la influencia de las iglesias en los gobiernos.

4. _____ la destrucción de zonas verdes en las ciudades.

5. _____ el hambre en el mundo.

6. _____ las personas sin casa.

Parte B: Di si estás dispuesto/a o no a hacer algo para remediar las situaciones de la Parte A. Si dices que estás dispuesto/a, di qué puedes hacer.

→   el alto consumo de alcohol entre los jóvenes

Estoy dispuesto/a a prohibir el alcohol en mi casa.

El alcohol es un problema, pero no estoy dispuesto/a a hacer nada.

1. _____

2. _____

3. _____

4. _____

5. _____

Actividad 16: Comparar. Escribe siete oraciones para comparar estas empleadas de oficina.

Maribel	**Vicki**
25 años	26 años
muy eficiente	eficiente
buena con los clientes	muy buena con los clientes
escribe 90 palabras por minuto	escribe 95 palabras por minuto
gana 150.000 por mes	gana 150.000 por mes
trabaja 35 horas por semana	trabaja 35 horas por semana
le gusta trabajar muchas horas extras porque necesita el dinero	no le gusta trabajar horas extras, pero está dispuesta a hacer unas horas extras por semana

1. _____

2. _____

3. _____

4. _____

5. _____

6. _____

7. _____

Actividad 17: Comparaciones. Hay muchas diferencias entre los países hispanos aunque estén cerca geográficamente. Escribe comparaciones basadas en la siguiente información sobre Costa Rica y El Salvador, dos países centroamericanos.

	Costa Rica	El Salvador
Kilómetros cuadrados	51.000	21.040
Población	3.604.642	5.752.067
Mestizos	—	94%
Indígenas	1%	5%
Blancos	96%	1%
Negros	2%	—
Asiáticos	1%	—
Católicos	95%	75%
Analfabetismo	5,2%	28,5%

NOTE: **indígena** = *nativo americano / amerindio*
mestizo = *de sangre indígena y blanca*

1. _____
2. _____
3. _____
4. _____
5. _____
6. _____
7. _____
8. _____
9. _____

Actividad 18: Preferencias.

Parte A: Haz comparaciones entre vivir en una ciudad y en las afueras (*suburbs*).

1. peligroso/a _____

_____

2. calidad de las escuelas _____

_____

3. precio de una casa _____

_____

4. transporte público _____

_____

5. divertido/a _____

_____

6. contaminación _____

_____

7. tranquilo/a _____

_____

8. variedad étnica _____

_____

9. posibilidades de trabajo _____

_____

Parte B: Teniendo en cuenta tus respuestas de la Parte A, ¿qué es mejor, vivir en una ciudad o en las afueras? Justifica tu respuesta.

_____

_____

_____

Actividad 19: Los precios. Un amigo de otro país va a vivir contigo este año en tu apartamento y tiene que ir de compras porque necesita varias cosas. No tiene idea de los precios en este país. Dile cuánto es el máximo que debe pagar por las siguientes cosas.

→   un sofá   **No debes pagar/gastar más de $350.**

1. una silla para la sala _____

2. un escritorio _____

3. una lámpara _____

4. una cama _____

Actividad 20: La familia. Escribe cinco oraciones sobre tu familia, comparando algunos miembros con los demás. Sigue el modelo y usa las palabras que se presentan.

Mi tío Frank es { el más / menos divertido de la familia.
uno de los más divertidos de la familia.
casi tan divertido como mi hermano Phil.
más divertido que yo.

capaz	encantador/a	justo/a	sensible
conservador/a	entretenido/a	liberal	tacaño/a (*cheap*)
creído/a	intolerante	rígido/a	trabajador/a

1. _____

2. _____

3. _____

4. _____

5. _____

Actividad 21: ¿La mejor? Tienes un amigo de Chile que quiere venir a los Estados Unidos a estudiar. Tiene posibilidades de ir a Harvard cerca de Boston, NYU en Nueva York o Berkeley cerca de San Francisco. Compara las tres ciudades.

1. ofrecer actividades culturales _____

_____

2. ser costosa para vivir _____

_____

3. tener un buen sistema de transporte público _____

_____

4. tener restaurantes de comida de otros países _____

_____

5. tener buenas tiendas _____

_____

Actividad 22: ¿Cuánto sabes? Primero, completa estas preguntas con las palabras **qué, cuál** o **cuáles**. Después, contesta las preguntas. Si no sabes la respuesta, puedes escribir **No sé. / No tengo idea. / Creo que es ...**

1. ¿_____ es más grande, Argentina o Ecuador? _____

_____

2. ¿_____ es un anorak y cuándo se lleva? _____

_____

3. ¿_____ de los países centroamericanos tiene un canal que une el Océano

Pacífico con el Atlántico? _____

4. ¿En _____ ciudad está el Museo del Prado? _____

_____

5. ¿Por _____ de los países suramericanos pasa la línea ecuatorial?

_____

_____

6. ¿_____ moneda usan en Puerto Rico? _____

_____

7. ¿_____ significa la palabra **mestizo**? _____

_____

8. ¿_____ son la mayoría de los hispanoamericanos, católicos o protestantes?

_____

9. ¿_____ son los países hispanos te interesa visitar más y por qué? _____

_____

Actividad 23: Una carta. Vas a escribir una carta a un/a amigo/a que no ves con frecuencia. La carta debe incluir la siguiente información:

- **Párrafo 1:** un saludo
  cómo es la universidad y dónde vives
  si te gusta

- **Párrafo 2:** qué haces un día normal
  qué haces los fines de semana

- **Párrafo 3:** presentación de un/a nuevo/a amigo/a con descripción física y de personalidad
  comparación de algunos amigos (el más divertido, la más insoportable, etc.)

- **Párrafo 4:** cómo son tus clases
  comparación de clases (la más difícil/fácil/interesante, etc.)
  comparación de profesores

- **Párrafo 5:** preguntas para tu amigo/a

_____, _____
(ciudad)   (fecha)

Querido/a _____:

_____

_____

_____

_____

_____

_____

_____

_____

_____

_____

_____

_____

_____

_____

_____

_____

_____

_____

_____

_____

_____

Un fuerte abrazo de

_____

CAPÍTULO

Los conquistadores españoles

Actividad 1: Interpretaciones. Examina las siguientes oraciones sobre la historia de España y la colonización del continente americano. Primero, subraya (*underline*) los verbos en el pretérito y segundo, indica cuál de los gráficos explica mejor el uso del pretérito en cada oración.

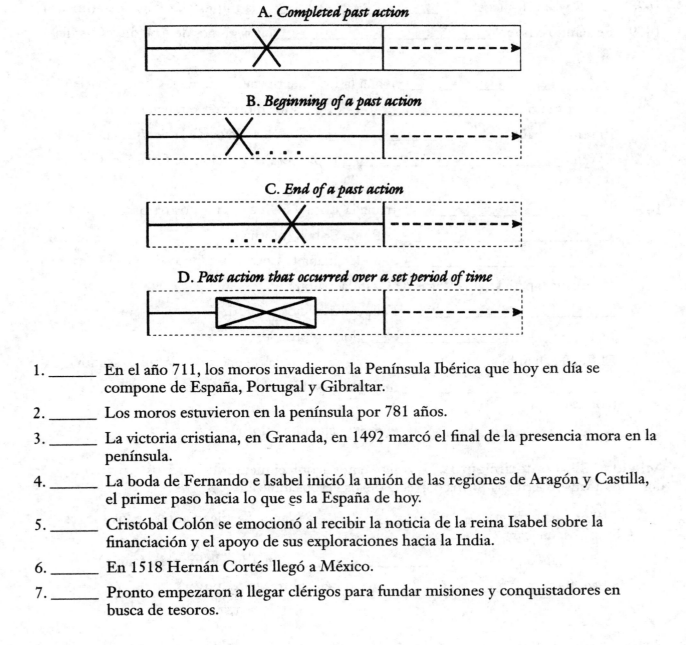

A. *Completed past action*

B. *Beginning of a past action*

C. *End of a past action*

D. *Past action that occurred over a set period of time*

1. _____ En el año 711, los moros invadieron la Península Ibérica que hoy en día se compone de España, Portugal y Gibraltar.

2. _____ Los moros estuvieron en la península por 781 años.

3. _____ La victoria cristiana, en Granada, en 1492 marcó el final de la presencia mora en la península.

4. _____ La boda de Fernando e Isabel inició la unión de las regiones de Aragón y Castilla, el primer paso hacia lo que es la España de hoy.

5. _____ Cristóbal Colón se emocionó al recibir la noticia de la reina Isabel sobre la financiación y el apoyo de sus exploraciones hacia la India.

6. _____ En 1518 Hernán Cortés llegó a México.

7. _____ Pronto empezaron a llegar clérigos para fundar misiones y conquistadores en busca de tesoros.

8. _____ Los españoles ejercieron control sobre partes de Hispanoamérica durante más de cuatro siglos.

9. _____ España celebró la feria mundial (la Expo 92, en Sevilla) y también los Juegos Olímpicos en Barcelona en 1992, quinientos años después de la llegada de Colón a América.

Actividad 2: Los Reyes Católicos. Completa estos datos sobre la vida de Isabel y Fernando con las formas apropiadas del pretérito de los verbos indicados.

1451 _____ Isabel I de Castilla. (nacer)

1452 _____ Fernando II de Aragón. (nacer)

1469 _____ Fernando II de Aragón e Isabel I de Castilla. (casarse)

1478 Los Reyes Católicos _____ la Inquisición española. (iniciar)

1479 Fernando e Isabel _____ las regiones de Aragón y Castilla. (unir)

_____ Juana la Loca, la primera hija de los reyes. (nacer)

1492 Los cristianos _____ a los moros en Granada. (vencer)

El reino español _____ a los judíos de la península. (expulsar)

El reino _____ la primera expedición de Cristóbal Colón. (financiar)

1496 _____ Juana la Loca y Felipe el Hermoso. (casarse)

1504 _____ la Reina Isabel. (morir)

_____ al poder Juana la Loca y su esposo Felipe el Hermoso (de Austria) para ser los Reyes de Castilla. (subir)

1506 _____ Felipe el Hermoso. (morir)

Juana _____ loca. (volverse)

El Rey Fernando _____ la regencia de Castilla. (asumir)

1507 _____ matrimonio el Rey Fernando con Germana de Foix. (contraer)

1516 _____ el Rey Fernando. (morir)

Actividad 3: Acontecimientos. Los siguientes acontecimientos deportivos ocurrieron durante tu vida. Escribe la forma correcta de los verbos indicados.

1. En 1994, una persona _____ a Nancy Kerrigan antes de los Juegos Olímpicos. (atacar)

2. En 1999, Lance Armstrong _____ el Tour de Francia. (ganar)

3. Michael Jordan _____ al béisbol tres años. (jugar)

4. En 1992, los jugadores profesionales de basquetbol _____ en los Juegos Olímpicos por primera vez. (competir)

5. En 1985, Bo Jackson _____ el trofeo Heisman. (recibir)

6. En 1994, _____ una huelga (*strike*) de béisbol que dejó la temporada (*season*) sin terminar. (empezar)

7. En 1994, Martina Navratilova _____ del tenis profesional. (retirarse)

8. En los años 1981, 1987, 1989 y 1990, la Asociación Nacional de Basquetbol _____ a Earvin "Magic" Johnson como el mejor jugador. (nombrar)

Actividad 4: ¿Qué hiciste? ¿Cuáles de las siguientes cosas hiciste?

> **NOTE:** *Remember the following spelling conventions:*
> **ca, que, qui, co, cu**
> **za, ce, ci, zo, zu**
> **ga, gue, gui, go, gu**

1. La semana pasada:

buscar información en la biblioteca
discutir con alguien
ver una película
tocar un instrumento musical

comer en un restaurante
entregar la tarea a tiempo
sufrir durante un examen
enfermarte
hacer otra cosa (¿qué?)

_____

_____

_____

_____

_____

2. El verano pasado:

ganar dinero
vivir con tus padres
comenzar un trabajo nuevo
empezar a/dejar de salir con alguien

viajar a otro país
alquilar un apartamento
asistir a un concierto
hacer otra cosa (¿qué?)

_____

_____

_____

_____

_____

Actividad 5: Acciones. Di cuándo fue la última vez que hiciste las siguientes cosas y cuándo fue la última vez que las hizo un/a amigo/a. Usa estas expresiones al contestar: **anoche, ayer, anteayer, la semana pasada, el mes/año pasado, hace (tres) días/semanas/meses/años,** etc.

NOTE: *Review preterit forms of* **-ir** *stem-changing verbs and of irregular verb forms.*

1. quedarse dormido/a leyendo

   Yo: _____

   Mi amigo/a: _____

2. mentir

   Yo: _____

   Mi amigo/a: _____

3. hacer ejercicio

   Yo: _____

   Mi amigo/a: _____

4. llevar a un/a amigo/a a tu casa

   Yo: _____

   Mi amigo/a: _____

5. conocer a una persona interesante

   Yo: _____

   Mi amigo/a: _____

6. saber una verdad difícil de aceptar

   Yo: _____

   Mi amigo/a: _____

7. no poder terminar una tarea a tiempo

   Yo: _____

   Mi amigo/a: _____

8. divertirse un montón

   Yo: _____

   Mi amigo/a: _____

Actividad 6: Los acontecimientos. Lee los siguientes apuntes de la policía y después escribe un artículo para un periódico explicando qué ocurrió y cuándo. Usa expresiones como **de repente, a las tres/cuatro,** etc., **anoche, anteayer, ayer, el lunes, desde ... hasta, inmediatamente, después, más tarde, luego.**

lunes, 6/3/00
10:35 llegar Nuria Peña a la ciudad; ir directamente al hotel Los Galgos; 11:31 llegar al hotel; subir a la habitación 312; 11:34 llamar a Pepe Cabrales; reunirse con Cabrales para comer; 16:00 Peña depositar un cheque de Cabrales por $100.000 en un cajero automático (*ATM*)

martes, 7/3/00
14:20 Peña alquilar un carro; recoger a Cabrales; los dos saludar al hijo del general y jugar con él y su perro un rato en un parque; seguir al hijo a la casa del general; hablar un momento con Rosita López, la mujer de la limpieza, sobre el precio de la lechuga

miércoles, 8/3/00
13:20 el general llamar a su casa; 13:23 oír disparos de un rifle; alguien raptar al hijo del general; el perro morder a Peña; morir Rosita López; la policía saber la identidad de los acusados al encontrar la llave del hotel Los Galgos, habitación 312; empezar la búsqueda de los presuntos criminales

El Diario

Jueves nueve de marzo de dos mil

DESAPARECIDO: HIJO DE UN GENERAL

La policía busca a Nuria Peña y a Pepe Cabrales por raptar al hijo del general Gabriel Montes y por matar a su empleada doméstica Rosita López.

Actividad 7: ¿Qué hiciste?

Parte A: Haz una lista de seis cosas que hiciste anoche. Escribe solamente una actividad en cada espacio en blanco.

NOTE: *Do not list two things that you did at once. For example: if you studied and listened to music at the same time, only list one activity and not both.*

1. _____   4. _____

2. _____   5. _____

3. _____   6. _____

Parte B: Usa la lista de la Parte A para escribir una narrativa sobre qué hiciste anoche. Usa palabras como **primero, segundo, después (de +** *infinitivo*), **más tarde, luego, antes de +** *infinitivo*, **enseguida, finalmente.**

_____

_____

_____

_____

_____

_____

Actividad 8: ¿Cuándo? Lee las siguientes frases y escribe una oración que indique cuál de las dos acciones ocurrió primero.

→ recibir una carta de aceptación de la universidad / terminar la escuela secundaria

> **Ya había terminado la escuela secundaria cuando recibí una carta de aceptación de la universidad.**

1. terminar el segundo año de la escuela secundaria / sacar el permiso de manejar _____

_____

2. visitar la universidad / solicitar el ingreso a (*to apply to*) la universidad _____

_____

3. tomar los exámenes de SAT o ACT / cumplir los 18 años _____

_____

4. graduarme de la escuela secundaria / decidir a qué universidad ir _____

_____

5. terminar la escuela secundaria / cumplir los 17 años _____

_____

6. decidir mi especialización / empezar los estudios universitarios _____

_____

_____

Actividad 9: Categorías. Lee los siguientes nombres y escríbelos en las categorías apropiadas según tu punto de vista y lo que sabes de la historia. Puedes poner la misma palabra en varias categorías.

aztecas   griegos   incas   ingleses   mayas   portugueses   romanos

    1. civilizaciones antiguas: _____

    2. colonizadores: _____

    3. exploradores: _____

    4. invasores: _____

    5. navegantes: _____

Actividad 10: Puntos de vista. Explica cada palabra desde un punto de vista positivo y luego desde un punto de vista negativo.

    Positivo   **Negativo**

    1. Colonizar:

        _____   _____

        _____   _____

        _____   _____

    2. Vencedor:

        _____   _____

        _____   _____

        _____   _____

    3. Conquistar:

        _____   _____

        _____   _____

        _____   _____

    4. Explotación:

        _____   _____

        _____   _____

        _____   _____

Actividad 11: ¿Progreso? Di quién descubrió o inventó estas cosas: **la teoría de la relatividad, la existencia de microorganismos, la ley de la gravedad, el teléfono, el telégrafo.**

    1. Pasteur _____

2. Marconi _____

3. Newton _____

4. Einstein _____

5. Bell _____

Actividad 12: Historia. Forma oraciones usando elementos de cada columna. Hay varias posibilidades.

Los clérigos españoles	colonizar	el suroeste de los Estados Unidos
Los conquistadores	conquistar	a los esclavos negros para trabajar
Los ingleses	explorar	misiones en el continente americano
Los moros	explotar	a los indígenas
Los portugueses	fundar	la India
	importar	la Península Ibérica
	invadir	Brasil

1. _____

2. _____

3. _____

4. _____

5. _____

Actividad 13: Más datos. Completa las preguntas con la forma apropiada del verbo indicado y después contéstalas usando la frase **hace ... años que ...**

1. ¿Cuántos años hace que la corona española _____ la Inquisición? (iniciar / 1478) _____

   _____

2. ¿Cuántos años hace que el explorador Magallanes _____ a las Islas Filipinas? (llegar / 1521) _____

   _____

3. ¿Cuántos años hace que un conquistador español _____ la exploración de Texas? (iniciar / 1519) _____

   _____

4. ¿Cuántos años hace que Simón Bolívar _____ Venezuela del dominio español? (liberar / 1821) _____

   _____

5. ¿Cuántos años hace que Guinea Ecuatorial, una ex colonia española en África, _____ su total independencia? (lograr / 1968) _____

   _____

Actividad 14: ¿Qué hora era?

Parte A: Marca las cosas que hiciste el sábado pasado. En el último cuadro añade (*add*) algo original.

☐ levantarte	☐ empezar a leer una novela	☐ pedir café en una cafetería
☐ ponerte la ropa	☐ almorzar	☐ ir al cine
☐ visitar a un amigo	☐ andar a algún lugar y no ir en carro	☐ llegar a casa
☐ comprar algo en una tienda	☐ cenar en un restaurante	☐ desvestirte para dormir
☐ oír un chisme (*gossip*) interesante	☐ asistir a un partido	☐ acostarte muy tarde
☐ ???		

Parte B: Ahora di a qué hora hiciste las cosas que marcaste en la Parte A.

→ **Eran las siete cuando me levanté.**

_____

_____

_____

_____

_____

_____

Actividad 15: La edad.

Parte A: Contesta estas preguntas sobre tus experiencias.

¿Cuántos años tenías cuando ...

1. empezaste a ayudar con las tareas domésticas? _____

_____

2. tus padres te dejaron en casa solo/a por primera vez? _____

_____

3. pasaste la noche en casa de un/a amigo/a? _____

_____

4. alguien te habló del sexo? _____

_____

5. un chico o una chica te besó por primera vez? _____

_____

6. tus padres te permitieron salir con un/a novio/a? _____

_____

7. abriste una cuenta bancaria? _____

_____

8. conseguiste tu primer trabajo? _____

_____

Parte B: Ahora contesta estas preguntas.

1. En tu opinión, ¿tuviste mucha responsabilidad de joven? _____

_____

2. ¿Cuál de estas posturas vas a tomar si eres padre o madre algún día: "Es mejor dejar a los niños ser niños" o "Los niños deben aprender rápidamente cómo es el mundo —cuantas más responsabilidades mejor"? _____

_____

Actividad 16: Tu vida.

Parte A: Di cuándo fue la última vez que hiciste estas actividades. Usa frases como **esta mañana, ayer, anteayer, la semana pasada, hace dos/tres semanas, el mes pasado, hace dos/tres/etc. meses, el año pasado, hace dos/tres/etc. años.**

1. ir al médico para un chequeo _____

_____

2. hacerte una limpieza de dientes _____

_____

3. ir al dentista _____

_____

4. usar hilo dental _____

_____

5. comer ensalada _____

_____

6. quemarte al sol _____

_____

7. hacer ejercicio aeróbico _____

_____

Parte B: Contesta esta pregunta: ¿Tienes buenas costumbres o debes cambiar algo para llevar una vida más sana?

_____

_____

_____

_____

Actividad 17: El martes pasado.

Parte A: En la siguiente lista, marca las actividades que hiciste el martes pasado.

_____ despertarme a las …	_____ almorzar con amigos
_____ ir a clase	_____ tener un examen
_____ trabajar en …	_____ ver la televisión
_____ ir a una reunión del club de …	_____ ir a una película
_____ mandar correo electrónico	_____ sacar dinero del banco
_____ cenar en el restaurante …	_____ hacer ejercicio
_____ hacer investigación en la biblioteca	_____ acostarme a las …

Parte B: Usa la información de la Parte A para decir qué hiciste el martes pasado. Usa expresiones como **primero, luego, más tarde, después, antes de + infinitivo, después de + infinitivo, a la una, a las dos/tres/etc., finalmente.**

_____

_____

_____

_____

_____

_____

_____

_____

_____

_____

_____

_____

Actividad 18: Historia. Usando las expresiones de secuencia de la primera columna y los acontecimientos de la segunda columna, da un breve resumen de la conquista española de América.

primero	⫸	Colón hablar con los Reyes Católicos sobre su viaje
8 años más tarde, en 1492	⫸	Isabel decidir financiar el viaje
antes de eso	⫸	los reyes haber vencido a los moros
el 12 de octubre de 1492	⫸	Colón pisar tierra americana
enseguida	⫸	empezar una ola de exploración
inmediatamente	⫸	los clérigos llevar la palabra de Dios a los indígenas
durante más de 400 años	⫸	continuar la dominación española
		morir muchos indígenas a causa de guerras y enfermedades
finalmente	⫸	Hispanoamérica liberarse de la colonización cuando España perder la Guerra Hispanoamericana

_____

_____

_____

_____

_____

_____

_____

_____

_____

_____

_____

_____

_____

_____

_____

CAPÍTULO

La América precolombina

Actividad 1: Dónde y qué.

Parte A: Di dónde estabas y qué hacías ayer a las siguientes horas.

> **NOTE:** *The 24-hour clock is used in this activity.*
> **17:30 = las cinco y media de la tarde.**

→ 5:30 **Ayer a las cinco y media de la mañana estaba en mi dormitorio y dormía/estaba durmiendo tranquilamente.**

1. 9:15 _____

_____

2. 12:40 _____

_____

3. 17:30 _____

_____

4. 21:15 _____

_____

Parte B: Ahora di qué estaba haciendo un/a pariente o un/a amigo/a mientras tú hacías las actividades de la Parte A.

→ **A las cinco y media mientras yo dormía/estaba durmiendo, mi amigo se duchaba/estaba duchándose.**

1. _____

_____

2. _____

_____

3. _____

_____

4. _____

_____

Actividad 2: Un día típico. Siempre hay mucha acción en la oficina de American Express en Caracas. Di qué estaban haciendo las siguientes personas mientras sus compañeros hacían otras actividades.

→ un cliente mandar un fax / la contadora contar el dinero

Un cliente mandaba/estaba mandando un fax mientras la contadora contaba/ estaba contando el dinero.

1. la cajera vender cheques de viajero / el recepcionista contestar al teléfono _____
_____

2. un empleado comer un sándwich / su compañera preparar un informe _____
_____

3. un empleado hacer fotocopias / otro empleado calmar a un cliente histérico _____
_____

4. el director entrevistar a un posible empleado / una cliente recibir información sobre viajes
_____
_____

Actividad 3: ¡Pobre Ricardo! Ricardo siempre tiene mala suerte, pero la semana pasada resultó ser increíblemente desastrosa. Escribe cinco oraciones sobre las cosas que le pasaron.

> *NOTE:* **el domingo =**
> *on Sunday*

→ domingo: caminar a misa / un perro atacarlo

El domingo, mientras Ricardo caminaba a misa, un perro lo atacó.

1. lunes: intentar sacar dinero de un cajero automático / la máquina tragarse su tarjeta _____
_____

2. martes: manejar al trabajo / el motor empezar a quemarse _____
_____

3. miércoles: subir al autobús / caerse y romperse la pierna derecha _____
_____

4. jueves: comer en la cama del hospital / el paciente de al lado sufrir un ataque cardíaco _____
_____
_____

5. viernes: volver a casa en taxi desde el hospital / tener un accidente de tráfico y romperse la pierna izquierda _____
_____
_____

Actividad 4: El apagón de Nueva York. En el verano de 1977 hubo un apagón (*blackout*) en la ciudad de Nueva York. Di las cosas que hacían diferentes personas cuando esto ocurrió y qué pasó como resultado.

→ algunas personas / escribir / en computadora / perder documentos / tener que volver a escribirlos

Algunas personas escribían en computadora y perdieron muchos documentos; tuvieron que volver a escribirlos.

1. algunas personas / bajar / en ascensores / quedarse atrapados

_____

_____

2. algunas personas / mirar / película en el cine / no poder / ver el final

_____

_____

3. un cirujano / operar / a un paciente / tener que conectar / el sistema eléctrico de

emergencia _____

_____

4. algunas personas / viajar / en metro / tener que tomar / el autobús

_____

_____

5. algunas personas / dormir / no saber / qué / ocurrir hasta el día siguiente

_____

_____

6. Woody Allen / ??? _____

_____

Actividad 5: Mi madre. Lee la siguiente descripción que escribió una hija sobre su madre. Después escribe dos párrafos parecidos sobre tu madre o tu padre.

Cuando mi madre tenía 25 años vivía en Santiago de Chile. Tenía un trabajo sumamente interesante: trabajaba para la Organización de Estados Americanos (OEA). Por lo tanto, con frecuencia hacía viajes a Nueva York y a Washington para asistir a reuniones con otros representantes de diferentes partes del continente. Aprovechaba estos viajes para ir al teatro y para comprar libros en inglés. Todos los días en Santiago estudiaba inglés y dos veces por semana se reunía con un profesor particular para aclarar sus dudas.

Mi madre ya no trabaja para la OEA. Ahora es traductora de libros y suele traducir obras literarias del inglés al español. Está muy contenta con su nuevo empleo y estoy muy orgullosa de mi madre.

_____

_____

_____

_____

_____

_____

_____

_____

_____

Actividad 6: Trabajos de verano. Di qué trabajos hacías durante el verano cuando estabas en la escuela secundaria e indica si esos trabajos son similares a los que haces en verano ahora que estás en la universidad.

→ **Cuando estaba en la escuela secundaria, limpiaba mesas en un restaurante. Ahora soy camarero y no limpio mesas.**

cortar el césped	limpiar mesas	servir helados
cuidar niños	repartir periódicos	trabajar en una gasolinera
lavar carros	ser camarero/a	???

_____

_____

_____

_____

_____

_____

Actividad 7: Recuerdos de la escuela secundaria. Contesta estas preguntas sobre tus años de secundaria.

1. ¿Qué materias te gustaban? _____

_____

2. ¿Qué materias no te gustaban? _____

_____

3. ¿Eras muy travieso/a? _____

Explica alguna travesura (*prank, antics*) que hiciste una vez.

_____

_____

_____

4. ¿Practicabas algún deporte en equipo? _____

_____

Si contestas que sí, ¿ganaron Uds. algún campeonato o torneo?

_____

5. ¿Actuaste en alguna obra de teatro? _____

Si contestas que sí, ¿qué papel (*role*) hiciste y cómo se llamaba la obra de teatro?

_____

6. ¿Trabajabas fuera de la escuela? _____

Si contestas que sí, ¿qué tipo de trabajo/s hacías? Describe tus responsabilidades.

_____

_____

_____

Actividad 8: Quetzalcóatl. Completa esta historia sobre Quetzalcóatl y los granos de maíz con las formas apropiadas del pretérito o el imperfecto de los verbos que están al lado de cada párrafo. Los verbos están en orden.

haber	_____ dos dioses en el cielo: el dios Sol y la
tener	diosa Tierra. Ellos _____ muchos hijos, entre
llamarse	ellos uno que _____ Quetzalcóatl. Este hijo
tener	_____ ganas de vivir en la tierra; por eso, un día
pedir	les _____ a sus padres permiso para bajar a la
decir	tierra y sus padres le _____ que sí. Entonces, el
bajar	joven Quetzalcóatl _____ del cielo a la tierra y
decidir	_____ vivir con los toltecas en lo que hoy en día
	es México.
admirar	Los toltecas lo _____ tanto que le
poner	_____ el título de Sacerdote Supremo.
ser	Quetzalcóatl _____ muy feliz con ellos, pero
molestar/ser	algo le _____: los toltecas _____
saber	muy pobres y el hijo de los dioses no _____ qué
subir	hacer para ayudarlos. Entonces, todas las noches _____
rezar	a una montaña y _____ pidiendo inspiración
	divina para poder hacer algo bueno por esa gente en la tierra.

dar	Los dioses le _____ inspiración y Quetzalcóatl
enseñar	les _____ a los toltecas cómo obtener el oro, la
construir	plata, la esmeralda y el coral. Después él _____
	cuatro casas, cada una de uno de estos materiales. De un día a otro los
hacerse	toltecas _____ ricos. Pero Quetzalcóatl todavía
sentirse/querer	no _____ satisfecho; él _____
	darles algo más útil que riquezas materiales.
estar	Una noche en la montaña mientras _____
dormirse/tener	rezando, _____ y _____
caminar	un sueño increíble. En el sueño, él _____
	por una montaña preciosa cubierta de flores cuando
ver	_____ un hormiguero. A él le
parecer/estar	_____ que las hormigas _____
notar	trabajando. De repente _____ que las hormigas
entrar/llevar	que _____ siempre _____
guardar	unos granos que _____ en el hormiguero.
despertarse	En ese momento del sueño el joven dios _____,
levantarse	_____ y _____ hacia una
caminar	montaña preciosa cubierta de flores. Aunque no lo
esperar/ver	_____, él _____ allí el
	mismo hormiguero que había visto en el sueño.
pedir	Les _____ ayuda a los dioses y
convertirse	_____ en hormiga para poder entrar al
poder	hormiguero. Una vez adentro, Quetzalcóatl _____
salir	encontrar los granitos blancos. Cuando _____
tomar	del hormiguero, _____ cuatro granitos y los
llevar	_____ a su pueblo. Cuando
llegar/querer	_____ a su casa, _____
poner	esconderlos y los _____ en la tierra.
salir	A la mañana siguiente _____ de su casa y de
descubrir	repente _____ unas plantas divinas con un fruto
comprender	amarillo. Así, por fin, _____ que esta planta
ser	_____ mucho más significativa que los cuatro
	materiales y que con esta planta los toltecas
tener	_____ asegurado un futuro feliz.

Actividad 9: Inventa una historia. Selecciona información de las listas que se presentan y agrega (*add*) cualquier información que necesites para inventar una historia sobre lo que hicieron tú y tus amigos.

→ **Ayer nevaba y hacía mucho frío. Mis amigos y yo fuimos a un partido de fútbol en el estadio de la universidad …**

Cuándo	**Tiempo**	**Con quién**
el sábado por la noche	hacer frío/fresco/calor	un/a amigo/a
el domingo al mediodía	ser un día de sol	una profesora
ayer	nevar	unos amigos
el día de San Valentín	llover	un pariente

Adónde	**Descripción**	**Qué pasó**
a una fiesta	(no) haber mucha gente	empezar una pelea
a un partido de fútbol	elegante	tener lugar un delito (*crime*)
a un restaurante	tener asientos incómodos	conocer a alguien
a un teatro	haber mucho ruido	ganar/perder algo

Cómo lo pasaron	**Por qué**
terrible	???
regular	
fantástico	
(no) divertirse	

_____

_____

_____

_____

_____

_____

_____

_____

_____

_____

_____

_____

_____

Actividad 10: El cine. Narra el argumento (*plot*) de una película.

La semana pasada vi *Atracción fatal*. Actuaron Michael Douglas y Glenn Close. Al empezar la película, Michael Douglas estaba casado, pero tuvo un amorío (*fling*) con ella. Ella se enamoró de él. Cuando él quería reconciliarse con su esposa, la amante se volvió loca y ...

Nombre de la película: _____

Protagonistas: _____, _____, _____

_____

_____

_____

_____

_____

Actividad 11: Reacciones. Contesta las siguientes preguntas para describir tus reacciones. Usa la palabra **cuando** en tus respuestas.

1. ¿Cuándo te aburres? _____

_____

Explica dónde estabas y qué pasó la última vez que estabas aburrido/a. _____

_____

2. ¿Cuándo te enojas? _____

_____

Explica dónde estabas y qué pasó la última vez que te enojaste.

_____

_____

Actividad 12: Las relaciones amorosas. Contesta las siguientes preguntas sobre las relaciones amorosas.

1. ¿Qué piensas de la gente que se enamora a primera vista?

_____

_____

2. ¿Qué significa **comprometerse**? ¿Cuánto tiempo antes de casarse se compromete la gente? ¿Tienes amigos que están comprometidos? ¿Es necesario estar enamorado para estar comprometido?

_____

_____

_____

_____

3. En tu opinión, ¿por qué se casa la mayoría de la gente en vez de simplemente vivir juntos?

_____

_____

_____

4. En tu opinión, ¿por qué se divorcia más la gente hoy en día que en el pasado? Menciona por lo menos tres razones. _____

_____

_____

_____

_____

5. Parece que hay muchas personas famosas que están divorciadas. Explica por qué ocurre eso. _____

_____

_____

_____

Actividad 13: ¿Qué ocurrió?   Anoche fuiste a una fiesta donde ocurrieron muchas cosas inesperadas. Escribe oraciones para explicar qué pasó. Usa los verbos **ponerse** o **volverse**.

1. Juanita bebió mucha cerveza. (enferma) _____

_____

2. Cuando entró Fernando, vio a su novia besando a otro hombre. (histérico y furioso) _____

_____

3. Vino Raquel acompañada de un perro lazarillo (*guide dog*). Yo sabía que había estado muy enferma, pero no sabía que había perdido la vista. (ciega)

_____

4. Fue un placer ver a Raquel bailar como antes y hasta cantó unas canciones. Nos alegramos mucho de tenerla en la fiesta. (contentos) _____

_____

Actividad 14: La reunión. Tu abuelo asistió a una reunión de exalumnos de la escuela secundaria. Escribe oraciones sobre qué hizo cada uno de sus compañeros, usando **hacerse, llegar a ser, ponerse o volverse.**

1. Hernando Ramírez: estudió derecho y trabajó para mejorar la vida de la gente de los barrios pobres. (senador federal) _____

_____

2. Francisco Vargas: era hombre de negocios, pero perdió a sus hijos y a su mujer en un incendio en su casa. Ahora el pobre está en un manicomio porque no fue capaz de seguir viviendo sin ellos. (loco) _____

_____

3. Begoña Rodríguez: ejercía medicina en el mejor hospital del país. Ahora es la doctora personal de la familia del presidente. Es viuda. (muy respetada profesionalmente)

_____

_____

4. Miguel Jiménez: era contador. Era el ex novio de Begoña y la volvió a ver por primera vez en la reunión después de muchos años. Se murió su esposa el año pasado. Ver a Begoña fue inesperado y emocionante para él. (contento) _____

_____

Actividad 15: La herencia.

Parte A: Todos heredamos (*inherit*) ciertas características positivas de nuestros parientes. Primero, marca los tres adjetivos que te describan mejor y después di de quiénes heredaste estas características.

→ **Soy muy idealista y esto lo heredé de mi abuelo paterno.**

☐ acogedor/a   ☐ cariñoso/a   ☐ espontáneo/a
☐ idealista   ☐ prudente   ☐ audaz
☐ juguetón/juguetona ☐ optimista   ☐ paciente

_____

_____

_____

Parte B: También heredamos características negativas. Marca las dos que te describan mejor y di de quiénes las heredaste.

☐ atrevido/a   ☐ impulsivo/a   ☐ celoso/a
☐ holgazán/holgazana   ☐ malhumorado/a   ☐ pesimista
☐ caprichoso/a   ☐ tacaño/a

_____

_____

_____

Actividad 16: ¿Positivo o negativo? Di si te consideras realista o no. Después, explica si es bueno o no ser realista.

_____

_____

_____

_____

Actividad 17: Ser o estar. Completa las siguientes conversaciones con la forma apropiada de **ser** o **estar** en el presente del indicativo o el imperfecto.

1. — ¡RODRIGO! ¿_____ allí?

   — Shhhhhhh, el niño _____ durmiendo.

   — ¡Uaaaaa!

   — Bueno, ahora _____ despierto. ¿Qué quieres?

2. — Claudia _____ enferma. Tiene fiebre, tos y le duele todo el cuerpo.

   — Debe tomar jugo de naranja y acostarse.

   — Es verdad, el jugo de naranja _____ muy bueno.

   — Pero debe ser natural; yo compré unas naranjas que _____ increíblemente deliciosas.

3. — Ayer vi un accidente horrible: un carro atropelló (_ran over_) un perro.

   — ¿Qué le pasó al perro?

   — _____ vivo, pero sangraba un poco. Creo que va a estar bien.

   — ¿Y el conductor del carro?

   — El conductor _____ muy nervioso. Llevó inmediatamente el perro a un veterinario.

4. — ¡Carlos! ... ¡Carlos! ... ¡CARLOOOOOOS!

   — ¿Qué quieres? No _____ sordo.

5. — ¿Qué tal tu ensalada?

   — _____ buenísima. ¿Y tu sopa de pescado?

   — Muy rica, pero _____ un poco fría.

Actividad 18: La suplente. Marcela, una maestra suplente (*substitute teacher*), le deja una nota a un maestro sobre la clase que ella enseñó ayer. Completa la nota usando la forma apropiada de **ser** o **estar**. Usa el imperfecto, el pretérito o el presente del indicativo.

Daniel:

Tienes unos estudiantes muy interesantes y disfruté de tu clase. Realmente los estudiantes

_____ listos y _____ bastante activos:

Carlitos Rivera _____ un niño muy alegre. Y hay algunos

estudiantes que _____ bastante traviesos y hay unos cuantos que

_____ holgazanes. Ayer Susana _____

muy enojada y nunca entendí por qué. No quiso hablar en toda la clase. Y Marcos, que yo

sé que _____ bueno, ayer _____ muy

juguetón. Por supuesto _____ sorprendidos porque tú no fuiste a

clase y porque _____ enfermo. ¡Qué buen grupo tienes! Yo

_____ muy contenta por haber tenido esa oportunidad, pero tus

alumnos te extrañan; _____ muy acostumbrados a tu estilo de

enseñar. Espero que te recuperes pronto.

Saludos,

Marcela

Actividad 19: El día de Reyes. La familia de Tomás tiene buen sentido del humor, y para el 6 de enero (el día de Reyes), ellos siempre reciben y dan regalos raros. Termina este párrafo de Tomás con el pronombre del complemento indirecto apropiado (**me, te, le, nos, os, les**).

Todos los años mis padres _____ dan unos regalos ridículos a mis

hermanos y a mí. Este año, mis padres _____ mandaron un huevo, una papa y

una cebolla por Federal Express a mi hermano Marco que ahora estudia en Stanford en los

Estados Unidos. Marco _____ había dicho en una carta a nosotros que echaba

de menos la tortilla española. A mi hermana, yo _____ compré comida de perro

porque ella _____ había dicho que nuestro perro era el que mejor vivía de la

familia. Y a mí, mis padres _____ regalaron un disco de Barry Manilow porque

un día _____ comenté que la música de hoy es mejor que la música de los años

70. Entre todos los hermanos _____ dimos a nuestros padres dos entradas para

la ópera. Odian la ópera, pero siempre _____ dicen que no salen lo suficiente y

necesitan más vida cultural. Pero lo mejor fue el regalo que recibimos de mis abuelos paternos:

_____ mandaron un libro con el título *Regalos perfectos para la persona que lo*

tiene todo.

Actividad 20: ¡Qué absurdo! Contesta estas preguntas sobre los regalos.

> *NOTE:* **regalarle algo** = hacerle un regalo

1. ¿A quiénes les haces regalos y para qué ocasiones? _____

_____

_____

2. ¿Quién te dio el regalo más ridículo que recibiste y qué era? _____

_____

_____

3. ¿Cuál fue el regalo más tonto que compraste? ¿A quién le diste ese regalo? ¿Cómo reaccionó al abrirlo? _____

_____

_____

_____

4. ¿Alguno de tus parientes tiene mal gusto? ¿Te compra ropa de regalo? _____

_____

Si contestas que sí, describe la última prenda que te regaló. _____

_____

_____

Actividad 21: Rigoberta Menchú.

Parte A: Completa esta descripción de la vida de Rigoberta Menchú. Escribe la forma apropiada del verbo indicado en el pretérito o el imperfecto. Los verbos están en orden.

nacer	Rigoberta Menchú _____ en un pueblo en las
ser	montañas de Guatemala, el cual _____ totalmente
	inaccesible excepto a pie o a caballo. Ella es quiché, uno de los 22
hablar	grupos indígenas de Guatemala. Los quiché _____
	su propio idioma y no el español de los blancos y los mestizos.
ser/trabajar	Cuando _____ joven, su familia _____
	ocho meses del año en las fincas de café lejos de su pueblo natal. Ellos
recoger	_____ café para los dueños ricos que lo
exportar	_____ a otros países. Los Menchú
pasar	_____ los otros cuatro meses en su pueblo donde
cultivar	_____ maíz y frijoles en una tierra poco fértil. Los
pagar	dueños les _____ poco y las condiciones de trabajo

ser	y vivienda _____ horribles. Los
tratar	_____ casi como animales. Uno de sus hermanos
morirse	_____ de hambre y otro de intoxicación,
	probablemente por algún insecticida en las plantas.
tener	Cuando _____ doce años, los curas católicos
elegir	_____ a Rigoberta para enseñarle la palabra de
	Dios a su gente, reconociendo el talento y la inteligencia de esa joven.
irse	Unos años después, _____ a la ciudad para trabajar
empezar	limpiando las casas de los ricos. Allí _____ a
llegar	aprender el español que más tarde _____ a ser su
	arma contra sus opresores, los mestizos y los blancos que
controlar	_____ el país.
ir	Los problemas _____ de mal en peor para su
	gente. Con la intención de ayudarla, la familia Menchú
comenzar	_____ a participar en organizaciones políticas.
empezar	Los soldados _____ a llegar a su región y poco
llegar	a poco la desaparición de personas _____ a ser un
	acontecimiento casi diario. Los soldados y el gobierno
llamar	_____ subversivos y comunistas a los quiché, pero
querer	según Rigoberta, ellos sólo _____ parar el
	genocidio y buscar una manera de convivir en paz y respeto mutuo.
arrestar/torturar	Los soldados _____ y _____ a
	un hermano de Rigoberta por 16 días antes de quemarlo en público y
mirar	mientras su familia y otros de la zona _____
tener	aterrorizados. Él sólo _____ 16 años. Su padre
morir	también _____ de manera muy violenta en una
raptar	protesta en la capital. Más tarde los soldados _____
matar/dar	y _____ a su madre y les _____
	el cadáver a los perros.
tener	Al final, Menchú _____ que salir de Guatemala
estar	porque los soldados la _____ buscando y ella
saber/ir	_____ que la _____ a matar. Por
huir/empezar	eso _____ a México y allí _____
llegar	a contarle su historia al mundo y _____ a ser uno
reconocer	de los líderes de su gente. La _____ mundialmente
ganar	en 1992 cuando _____ el Premio Nóbel de la Paz
	por su trabajo y lucha por su pueblo.

Parte B: La vida de Rigoberta Menchú en Guatemala fue increíblemente dura. Merece nuestro respeto y admiración porque a pesar de su situación, ayudó a otras personas. Contesta estas preguntas sobre tu vida y lo que hace tu universidad para ayudar a otros.

1. ¿Hacías, hiciste o haces algo en este momento para ayudar a otras personas? Si no, ¿te gustaría hacer algo? Explica tu respuesta.

   _____

   _____

   _____

   _____

   _____

2. ¿Qué programas existen a través de tu universidad para trabajar como voluntario/a en la comunidad u otros lugares? Si no sabes, averigua (*find out*). _____

   _____

   _____

   _____

   _____

CAPÍTULO

El buen paladar

Actividad 1: Deseos. Completa la siguiente conversación que tuvo lugar en la cafetería de una empresa. Usa el infinitivo o el subjuntivo.

Juan: Mi jefe quiere que yo _____ por lo menos dos meses al año. (viajar)

Laura: Eso no es nada. La compañía insiste en que Pepe y yo _____ a la Patagonia para hacer estudios biológicos que van a durar dos años. Nosotros preferimos que _____ a alguien nuevo para hacerlo. No queremos _____ allí. (mudarnos, emplear, vivir)

Juan: Pues, les recomiendo que _____ otro trabajo porque si la compañía quiere algo, lo consigue. (buscar)

Laura: ¿Por qué no hablamos de otro tema? ¿ Qué me sugieres que _____ para comer? (pedir)

Juan: Dicen que el pollo asado es muy bueno aquí, pero yo prefiero _____ algo más ligero como una ensalada. (pedir)

Laura: Es mejor que _____ bien porque esta tarde tenemos tres horas seguidas de reuniones aburridas. (almorzar)

Juan: Es verdad. No quiero que el estómago _____ ruidos raros delante de los clientes. (hacer)

Laura: Como dicen, es importante _____ una buena imagen. (presentar)

Actividad 2: ¿Aconsejable o no? Tienes un amigo que va a pasar tres meses en la selva amazónica trabajando. Dale consejos para el viaje.

1. Es importante que tú _____ el pasaporte con un mes de anticipación. (sacar)

2. Te aconsejo que _____ si necesitas algunas vacunas contra las enfermedades que pueda haber. (averiguar)

3. Te recomiendo que _____ ropa ligera pero fácil de lavar. (comprar)

4. Te ruego que _____ cuidado con los animales porque no los conoces y pueden ser peligrosos. (tener)

5. Es importante _____ qué plantas se pueden comer porque algunas pueden ser venenosas. (saber)

FUENTES WORKBOOK / Capítulo 5   **73**

Actividad 3: Consejos.

Parte A: La universidad te pidió hacer una presentación a un grupo de jóvenes de 17 años que van a asistir a tu universidad el año que viene. En la presentación debes incluir una lista de los cinco consejos mejores que darías para tener éxito en la vida académica.

1. Es importante que Uds. _____

_____

2. Es buena idea _____

_____

3. Les recomiendo que _____

_____

4. Les aconsejo que _____

_____

5. Sugiero que _____

_____

Parte B: Ahora, tienes que hacer otra lista para el mismo grupo de futuros estudiantes con cinco consejos para tener una vida social activa e interesante.

1. Es necesario que Uds. _____

_____

2. Es preciso _____

_____

3. No quiero que Uds. _____

_____

4. Es importante que _____

_____

5. Les aconsejo que no _____

_____

Actividad 4: La persona perfecta.

Parte A: Todos estamos en busca de nuestra "media naranja" (*perfect mate*). A veces el amor no es suficiente. Mira la lista y marca las frases que describan mejor a tu persona ideal. Añade algo más al final si quieres.

☐ tener buen sentido de humor

☐ gustarle la misma música que a mí

☐ tener amigos simpáticos

☐ respetar mi punto de vista

☐ no mirar televisión a todas horas

☐ divertirse haciendo cosas simples

☐ vestirse bien

☐ compartir mis opiniones políticas

☐ ser religioso/a   ☐ tocar un instrumento musical
☐ querer vivir en una ciudad   ☐ querer vivir en el campo
☐ no fumar   ☐ no consumir drogas
☐ saber cocinar bien   ☐ ser atractivo/a
☐ _____   ☐ _____

Parte B: Ahora, forma oraciones con las frases que marcaste en la Parte A para describir a tu pareja perfecta. Usa frases como **es importante que, es preferible que, es preciso que, es mejor que, quiero que, espero que, insisto en que,** etc.

> *NOTE:* **pareja** = *partner, significant other (feminine even if referring to a man)*

→ **Para mí, es importante que mi pareja respete mi punto de vista porque ...**

_____
_____
_____
_____
_____
_____
_____

Actividad 5: Los deseos para el Año Nuevo.

Parte A: Completa los deseos de Lorenzo Dávila para el Año Nuevo usando el infinitivo o el presente del subjuntivo de los verbos que se presentan.

traer	Yo espero que este año me _____ experiencias
conseguir	nuevas. Es importante que _____ un trabajo nuevo
trabajar	y es preciso que yo _____ en una ciudad con una
	vida cultural interesante y estimulante. Digo esto porque quiero
tener	_____ la oportunidad de actuar en un teatro en mi
actuar	tiempo libre. No es importante que _____ en un
ganar	teatro profesional. Es preciso que _____ dinero en
divertirse	mi trabajo y también que _____ fuera de la oficina.

Parte B: Ahora escribe tus deseos para el año que viene. Usa expresiones como **es necesario (que)**, **quiero (que)**, **espero (que)**, **es mejor (que)**, etc.

NOTE: *Use an infinitive if there is no change of subject and* **que** *is not present.*

_____

_____

_____

_____

_____

Actividad 6: Las exigencias. Se habla mucho de la desintegración de la familia hoy en día y cómo puede ser ésta una de las causas de la delincuencia. Escribe cinco cosas que la sociedad les debe exigir a los padres.

➡ **La sociedad les debe exigir a los padres que les expliquen a sus hijos las consecuencias de sus actos.**

1. _____

_____

2. _____

_____

3. _____

_____

4. _____

_____

5. _____

_____

Actividad 7: Lo que oyen los niños. Los padres siempre les dan instrucciones y órdenes a sus hijos. Muchas veces empiezan pidiéndoles que hagan algo y después lo repiten de una forma más dura cuando los niños no responden enseguida. Convierte las oraciones de la primera columna en oraciones más duras. Sigue el modelo.

➡ Debes comerte todo.   **Te digo que te comas todo.**

1. Debes hacer la cama.   _____

2. ¿Puedes bajar el volumen un poco? _____

3. Uds. no deben molestar a su hermano. _____

4. Tienen que limpiar el baño.   _____

5. No debes pegarle a tu hermano.   _____

6. Tienen que sacar la basura.   _____

7. Tienes que practicar la lección de   _____
   piano esta noche.

Actividad 8: La reunión de profesores. Tú trabajas como profesor/a universitario/a y asististe a una reunión donde tu jefe habló sobre observaciones y reglas para los exámenes finales. Una compañera no pudo venir. Forma oraciones para decirle qué pasó. Comienza cada idea con **Nos dice que (nosotros) ...**

> **NOTE:** Use the subjunctive with **decir** only to convey orders; use the indicative to provide information.

→ Enseñarle las dos versiones del examen final.

Nos dice que le enseñemos las dos versiones del examen final.

1. Observar la clase de un colega y escribir una evaluación. _____
   _____
   _____

2. Cada profesor preparar el examen final para su clase. _____
   _____

3. El examen no tener más de seis páginas. _____
   _____

4. Hacer dos versiones del examen final. _____
   _____

5. La fecha del examen ser el 17 de diciembre. _____
   _____

6. Vigilar a los estudiantes durante el examen porque los alumnos se copian. _____
   _____

7. Corregir el examen minuciosamente. _____
   _____

8. Recibir el último cheque el 15 de diciembre. _____
   _____

Actividad 9: Tome decisiones con madurez. Completa los siguientes consejos para adolescentes sobre el consumo del alcohol. Usa órdenes.

Si no desean beber alcohol ...

1. _____ la presión de sus amigos y _____
   fe en sí mismos. No _____ que otras personas influyan de una
   manera negativa en su vida. (resistir, tener, dejar)

2. _____ con firmeza invitaciones a beber alcohol si Uds. no
   quieren tomar. (rechazar)

FUENTES WORKBOOK / Capítulo 5   **77**

3. No _____ disculpas a nadie por no querer tomar alcohol. (pedirle)

Si desean beber alcohol ...

4. No _____ carro o motocicleta si piensan beber. (conducir)

5. No _____ mucho alcohol de golpe; es mejor beber despacio. (consumir)

6. Si deciden beber, _____ algo. (comer)

7. _____ que el alcohol no soluciona los problemas sino que los aumenta. (recordar)

8. _____ cuenta de que el abuso del alcohol aumenta la violencia y la posibilidad de contraer enfermedades venéreas. (darse)

Actividad 10: Órdenes. Lee los siguientes anuncios y vuelve a escribirlos de una forma más directa. Usa órdenes en plural. Sigue el modelo.

→ Se prohíbe fumar.   *Orden* **directa: No fumen.**

1. Se prohíbe tocar.   No _____.

2. Se prohíbe estacionar.   No _____.

3. Se prohíbe entrar.   No _____.

4. Se prohíbe repartir propaganda.   No _____.

5. Se prohíbe hablar.   No _____.

6. Se prohíbe consumir bebidas alcohólicas.   No _____.

7. Se prohíbe poner anuncios.   No _____.

8. Se prohíbe hacer grafiti.   No _____.

Actividad 11: La úlcera. Éstas son las instrucciones que le dio una doctora a un paciente que tiene úlcera. Convierte las oraciones en órdenes.

1. Ud. tiene que dejar de comer comidas picantes.

_____

2. Ud. no puede tomar café ni otras bebidas con cafeína.

_____

3. Ud. tiene que preparar comidas sanas.

_____

4. Es importante no hacer actividades que produzcan tensión en su vida.

_____

5. Ud. debe pasar más tiempo con sus amigos y menos tiempo en el trabajo.

_____

6. Ud. tiene que caminar por lo menos cinco kilómetros al día.

_____

Actividad 12: El dilema.

Parte A: Piensa en uno de tus profesores de la escuela secundaria que no te caía bien. Describe qué hacía esta persona que te molestaba.

_____

_____

_____

_____

Parte B: Ahora, imagina que tienes la oportunidad de darle órdenes al/a la profesor/a de la Parte A para que sus clases sean mejores. Escribe por lo menos cuatro órdenes.

1. _____

2. _____

3. _____

4. _____

Actividad 13: Pobres niños. Escribe órdenes que suelen escuchar los niños un día típico.

> **NOTE:** *When adding object pronouns to affirmative commands, you may need to add accents.*

→ Magda / escribirlo   **¡Escríbelo!**

1. Carlitos / no tocarlo _____

2. Felicia / darle las gracias a la señora _____

3. Germán y Mauricio / ponerse la chaqueta _____

4. Roberto / tener cuidado porque esto quema _____

5. Fernanda / no jugar con la comida _____

6. Pepito / no entregar la tarea tarde _____

7. Carmen / hacerlo ya _____

8. Ramón / sacarse el dedo de la nariz _____

9. Mónica y Silvia / escucharme _____

10. Felipito / decir la verdad y no mentir más _____

Actividad 14: Los consejos. Tienes dos amigos que siempre se contradicen al darte consejos. Escribe qué dijo cada uno de ellos.

Amigo A

1. No hagas la tarea, sal a divertirte.

2. _____

3. Ponte un par de jeans y

    camiseta para ir a la fiesta.

4. No le hagas favores a Raúl.

5. _____

    _____

Amigo B

1. _____

    _____

2. No le digas mentiras a tu pareja.

3. _____

    _____

4. _____

5. No vayas al trabajo el sábado; ven con

    nosotros a la playa.

Actividad 15: Una compañera insoportable. Tienes una compañera de apartamento que nunca hace lo que debe hacer. Por eso, tienes que decirle lo que debe hacer, pero nunca te escucha. Entonces tienes que repetirlo y ser más directo/a. Usa órdenes informales y pronombres de complemento directo si es posible. Sigue el modelo.

  → Tienes que lavar los platos.   **Lávalos.**

1. Por favor, ¿puedes bajar la radio?   _____

2. No quiero que dejes la ropa en el suelo _____

    del baño.   _____

3. ¿Podrías limpiar la bañera?   _____

4. Me molesta cuando fumas en la cocina. _____

5. Debes recoger el periódico.   _____

6. Tienes que ir a la lavandería.   _____

7. No puedes sacar la basura por   _____

    la tarde.   _____

8. Tienes que sacar la basura por la   _____

    mañana temprano.   _____

Actividad 16: ¡Ojo! Escribe órdenes para las siguientes situaciones. Para hacerlo, primero marca si debes usar órdenes formales o informales y segundo si son singulares o plurales. Después, escribe las órdenes apropiadas.

1. ☐ formal   ☐ informal

   ☐ singular   ☐ plural

No cruzar. _____

2. ☐ formal   ☐ informal
   ☐ singular   ☐ plural

   No meter la mano. _____

   _____

3. ☐ formal   ☐ informal
   ☐ singular   ☐ plural

   Poner las manos en alto. _____

   _____

4. ☐ formal   ☐ informal
   ☐ singular   ☐ plural

   No jugar con fósforos. _____

   _____

5. ☐ formal   ☐ informal
   ☐ singular   ☐ plural

   No acercarse más. _____

   _____

6. ☐ formal   ☐ informal
   ☐ singular   ☐ plural

   No tocarlo. _____

   _____

7. ☐ formal   ☐ informal

   ☐ singular   ☐ plural

Salir de allí. _____

_____

Actividad 17: Las instrucciones. Mira la Actividad 16 en la página 125 del libro de texto. Imita el estilo y el humor de ese fax y escribe otro con el siguiente título:

Instrucciones para los que quieren graduarse de la universidad sin mucho esfuerzo

I. _____

_____

II. _____

_____

III. _____

_____

IV. _____

_____

V. _____

_____

Actividad 18: Los sabores. Organiza las siguientes comidas en grupos según su sabor.

arroz con frijoles	chocolate	huevos	papas fritas
arroz con verduras	flan	limón	piña
bróculi	galletas	mango	pizza
carne	helado	pan tostado con mermelada	sopa de pollo

1. dulces: _____

2. amargas: _____

3. saladas: _____

NOMBRE _____ FECHA _____

Actividad 19: Envases. Marca en qué tipo de envase se compran las siguientes cosas. Es posible marcar más de uno para cada artículo.

	botella	frasco de plástico	lata	paquete
1. Pepsi	☐	☐	☐	☐
2. aceite de oliva	☐	☐	☐	☐
3. sopa	☐	☐	☐	☐
4. leche condensada	☐	☐	☐	☐
5. un pastel de Duncan Hines	☐	☐	☐	☐
6. salsa de tomate	☐	☐	☐	☐
7. catsup y mostaza	☐	☐	☐	☐
8. vino	☐	☐	☐	☐

Actividad 20: Diferentes sistemas. Cambia las frases siguientes para reflejar las costumbres de los países hispanos donde se usa el sistema métrico.

En los Estados Unidos compramos ...   **En los países hispanos compran ...**

1. la carne por libra.   _____

2. la leche por galón.   _____

3. las especias por onza.   _____

4. las verduras por libra.   _____

Actividad 21: Hábitos.

Parte A: Contesta estas preguntas sobre tus hábitos alimenticios.

1. ¿Qué comiste ayer? Incluye absolutamente todo. _____

_____

2. ¿Sueles comprar verduras frescas, enlatadas o congeladas? _____

_____

3. ¿Cuántas bebidas que contienen cafeína consumes al día? _____

_____

4. ¿Sueles comer comida alta o baja en calorías? _____

_____

© HMCo. All rights reserved.   *FUENTES* WORKBOOK / Capítulo 5   **83**

5. ¿Cuáles son algunas comidas de alto contenido graso que te gustan? _____

_____

¿Con qué frecuencia sueles comerlas? _____

_____

6. ¿Sueles tomar un refresco dietético y después un postre lleno de calorías? _____

_____

7. Si comes algo tarde por la noche, ¿es liviano o pesado? _____

_____

8. ¿Desayunas, almuerzas y cenas todos los días? _____

_____

Parte B: Según tus respuestas de la Parte A, analiza si tienes buenos o malos hábitos
alimenticios. ¿Qué puedes hacer para llevar una vida más sana?

_____

_____

_____

_____

Actividad 22: Una receta. Completa la siguiente receta para hacer una tortilla española
usando **se** (por ejemplo, **se pone / se ponen**) con cada verbo indicado.

Tortilla española

5 papas grandes, picadas   4 huevos, batidos   sal
aceite de oliva   1 cebolla, picada

_____ (poner) bastante aceite en una sartén a fuego alto. Mientras
_____ (calentar) el aceite, _____ (cortar) cinco papas
grandes en rodajas finas. _____ (añadir) sal al gusto. También
_____ (picar) una cebolla. _____ (freír) las papas y la
cebolla en el aceite caliente hasta que estén doradas y blandas. Mientras tanto,
_____ (batir) cuatro huevos bien batidos. _____ (agregar)
sal al gusto. Después _____ (quitar) las papas y la cebolla de la sartén y
_____ (mezclar) con los huevos. _____ (sacar) la mayor
parte del aceite de la sartén dejando sólo un poquito. _____ (echar) todo
en la sartén y _____ (poner) a fuego alto. _____ (cocinar)
poco tiempo y se le da la vuelta poniendo un plato encima. Después de hacer esto una vez
más, _____ (reducir) el fuego y _____ (dejar) cocinar.
_____ (servir) la tortilla española fría o caliente.

Actividad 23: Los novatos. Los universitarios norteamericanos de primer año (los novatos) suelen engordar entre cinco y ocho kilos durante el primer año. Al final del año, los jeans que llevaban en septiembre ya no les quedan bien. Escribe un artículo corto para un periódico, siguiendo las instrucciones para cada párrafo.

Párrafo 1: Explica el problema. Incorpora frases como **suelen comer, por la noche piden, en las fiestas beben, altas en calorías.**

_____

_____

_____

_____

Párrafo 2: Dales consejos a los estudiantes para no engordar durante su primer año. Usa frases como **les aconsejo que, es mejor, es preciso, les digo que.**

_____

_____

_____

Párrafo 3: Haz una lista de cinco mandamientos graciosos (*funny*) para no engordar para dárselos a un estudiante de primer año. Escribe las órdenes con la forma de **tú.**

1. _____

_____

2. _____

_____

3. _____

_____

4. _____

_____

5. _____

_____

CAPÍTULO

Nuevas democracias

Actividad 1: El miedo.

Parte A: Termina estas oraciones sobre el miedo y los acontecimientos desagradables.

> **NOTE:** *Use the subjunctive if there is a change of subject; otherwise, use the infinitive.*

1. Teme _____ en la oscuridad. (estar)

2. Tiene miedo de que un gato negro _____ en su camino. (cruzar)

3. Tiene miedo de que la policía lo _____ y le _____ documentación. (parar, pedir)

4. Teme que _____ una guerra nuclear. (haber)

5. Es una lástima que no _____ buenos trabajos para los jóvenes de hoy. (haber)

6. Es una pena que mucha gente _____ de drogas como la cocaína y los esteroides. (abusar)

7. Tiene miedo de _____ solo. (vivir)

8. Es horrible que _____ tanta violencia entre los jóvenes. (existir)

9. Teme no _____ a la persona de sus sueños. (encontrar)

10. Es lamentable que mucha gente _____ los estudios a una edad temprana. (dejar)

Parte B: Ahora, escribe tres oraciones sobre las cosas que tú temes.

1. _____

2. _____

3. _____

Actividad 2: La corrupción. La siguiente carta se publicó en un periódico. Complétala con la forma correcta de los verbos que se presentan. Los verbos están en orden.

Estimados lectores:

Escribo esta carta para expresar mi indignación con los funcionarios del gobierno. Es lamentable que los funcionarios no

hacer _____ nada contra la corrupción que hay en este

haber gobierno. Es imprescindible que _____ un sistema

de controles para mantener la ética laboral. Por un lado, es obligatorio

votar _____ para elegir a quienes nos van a gobernar,

pero por otro, no creen necesario que el gobierno le

explicar _____ al ciudadano qué hace con su dinero. Por

pagar mi parte, me molesta que nosotros les _____ el

sueldo a esos individuos corruptos, que esos funcionarios no

estar _____ en contacto con el pueblo y que no

trabajar _____ para el beneficio del pueblo sino por su

propio beneficio. Como padre de familia, temo que nuestra

estar generación les _____ dando un mal ejemplo a

ocurrir nuestros hijos. Lamento que esto _____ y ojalá

solucionar que se _____ pronto la situación.

Un ciudadano como cualquier otro

Actividad 3: Reacciones.

Parte A: Marca **C** si crees que las oraciones son ciertas y **F** si crees que las oraciones son falsas.

1. _____ El nivel de la enseñanza en los Estados Unidos es más bajo cada año.

2. _____ Los americanos gozan (*enjoy*) de un nivel de vida muy alto.

3. _____ El consumo de drogas ilegales es un gran problema para todo el mundo.

4. _____ Los políticos son corruptos.

5. _____ Los grupos como la Organización Nacional del Rifle tienen demasiado poder.

6. _____ En este país necesitamos aclarar nuestros valores y principios morales.

7. _____ Hay separación de Estado e Iglesia en los Estados Unidos.

8. _____ Los políticos gastan demasiado dinero en las campañas políticas.

Parte B: Ahora, comenta sobre las oraciones que marcaste con **C** en la Parte A. Usa frases como **es bueno, es lamentable, me da pena, temo, tengo miedo.**

_____

_____

_____

_____

_____

_____

_____

Actividad 4: Raro o normal.

Parte A: Lee las siguientes oraciones y marca si las acciones son raras, buenas, normales o lamentables.

    a. es raro   b. es bueno   c. es normal   d. es lamentable

1. _____ un padre / estar totalmente de acuerdo con las acciones de sus hijos
2. _____ un niño de 12 años / tocar música de Bach
3. _____ un estudiante universitario / tener más de lo necesario para pagar todos sus gastos
4. _____ una mujer con hijos / trabajar fuera de casa
5. _____ una persona / llevar una pistola consigo en los Estados Unidos
6. _____ los jóvenes / rebelarse contra la autoridad

Parte B: Ahora, da tus opiniones sobre estas situaciones y explica tus respuestas.

   ➜ **Es raro que un padre esté totalmente de acuerdo con las acciones de sus hijos porque ...**

1. _____

    _____

2. _____

    _____

3. _____

    _____

4. _____

    _____

5. _____

    _____

6. _____

    _____

Actividad 5: ¡Qué emocionante!

Parte A: Expresa tus emociones sobre acontecimientos positivos del mundo actual. Escribe sobre el presente o futuro, no sobre el pasado.

1. ¡Es fantástico que _____

2. Me alegra que _____

3. ¡Qué bueno que _____

4. Es maravilloso que _____

Parte B: Expresa tus emociones sobre acontecimientos negativos del mundo actual. No escribas sobre el pasado.

1. Es una pena que _____

2. Lamento que _____

3. Me molesta que _____

4. Es una lástima que _____

Parte C: Ahora expresa dos esperanzas para el futuro.

1. Ojalá que _____

2. Espero que _____

Actividad 6: Reacciones. Combina las expresiones de la primera columna con los acontecimientos de la segunda para formar oraciones.

> *NOTE: Remember to use* **haya, hayas,** *etc.,* + past participle *to refer to the past.*

Me sorprende que   Edison / inventar la electricidad
Es bueno que   morir tantos indígenas en Guatemala
Es una pena que   Hitler y Mussolini / perder la Segunda Guerra Mundial
Es fantástico que   los españoles / traer enfermedades al continente americano
Es horrible que   los científicos / inventar la energía nuclear
Me alegra que   los indígenas / mostrarles el chocolate a los europeos
    Óscar Arias y Rigoberta Menchú / recibir el Premio Nóbel de la Paz

_____

_____

_____

_____

_____

_____

Actividad 7: Durante mi vida.

Parte A: Haz una lista de tres acontecimientos positivos y tres negativos que ocurrieron durante tu vida hasta el año pasado. Piensa en cosas como **Todas las universidades les dieron correo electrónico a sus estudiantes; los Estados Unidos participaron en una guerra contra Iraq;** etc.

Positivos	Negativos
1. _____	1. _____
2. _____	2. _____
_____	_____
3. _____	3. _____
_____	_____

Parte B: Ahora, comenta sobre esos acontecimientos. Usa expresiones como **me alegra que, me da pena que, es fantástico que, es una pena que.**

➙ **Me alegra que todas las universidades les hayan dado correo electrónico a sus estudiantes.**

_____

_____

_____

_____

_____

_____

_____

Actividad 8: Observaciones y deseos. Termina estos deseos y observaciones sobre la educación con la forma apropiada de los verbos indicados. Usa el presente del subjuntivo, el presente perfecto del subjuntivo o el infinitivo.

1. Me alegra ...

_____ a mucha gente de diferentes razas y religiones. (conocer)

que mis padres me _____ libros en vez de juguetes bélicos. (regalar)

que mi futuro no _____ límites. (tener)

2. Me sorprende ...

que _____ casas sin libros en el mundo de hoy. (haber)

que muchas personas no _____ a leer cuando estaban en la escuela primaria. (aprender)

que _____ adultos analfabetos en nuestra sociedad. (haber)

3. Es una pena …

que el sistema educativo no _____ para ellos durante su niñez.
(funcionar)

que hoy en día no todos los niños _____ el mismo acceso a la
enseñanza. (tener)

que el país _____ analfabetismo. (tener)

4. Ojalá …

que los niños _____ libros en el futuro. (tener)

que de adultos _____ leer. (saber)

que les _____ los cuentos de Aladino. (encantar)

que _____ a pensar por sí mismos al leer. (aprender)

Actividad 9: Tu educación. Escribe un párrafo sobre la manera en que te criaron (*raised you*)
tus padres. Habla de los puntos buenos y los malos.

➜ **Me alegra que mis padres me hayan dejado … A la vez me molesta que ellos
no …**

_____

_____

_____

_____

_____

_____

_____

Actividad 10: Situaciones políticas. Da ejemplos de las siguientes situaciones políticas. No
es necesario escribir oraciones completas.

1. tres países con inestabilidad política en la actualidad _____

_____

2. tres países con estabilidad política hoy en día _____

_____

3. un país que tuvo un golpe de estado recientemente _____

4. un lugar donde hay dictadura _____

5. un tratado que se firmó últimamente _____

_____

6. un asunto político importante hoy en día en los Estados Unidos _____

_____

7. un país donde se violan los derechos humanos _____

8. grupos que sufren de discriminación racial _____

_____

9. tres mujeres políticas importantes _____

_____

Actividad 11: ¿Cierto o falso?

Parte A: Marca si crees que las siguientes oraciones son ciertas (**C**) o falsas (**F**).

1. _____ Costa Rica tiene más profesores que policías.

2. _____ Tanto Panamá como Costa Rica no tienen fuerzas militares.

3. _____ En Argentina existe separación entre el Estado y la Iglesia, pero para ser presidente hay que ser católico.

4. _____ La CIA participó en el golpe de estado de Chile en 1973 para derrocar a Allende, un presidente elegido democráticamente.

5. _____ Durante los años 80 y principios de los 90, Gabriel García Márquez, ganador del Premio Nóbel de Literatura, no pudo entrar en los Estados Unidos.

6. _____ En las primeras elecciones después de la muerte de Francisco Franco, las campañas electorales en España duraron solamente tres semanas.

Parte B: Todas las oraciones de la Parte A son ciertas. Escribe tus opiniones sobre esos datos históricos. Usa frases como **me sorprende que, es una lástima que, es bueno que,** etc.

> *Remember to use* **haya, hayas,** *etc.,* + past participle *to refer to the past.*

1. _____

_____

2. _____

_____

3. _____

_____

4. _____

_____

5. _____

_____

6. _____

_____

Actividad 12: ¿Qué opinas de la política? Di si **te sorprende,** si **te da lástima** o simplemente si **no te importa** cuando las siguientes situaciones ocurren en los Estados Unidos. Justifica tu opinión.

→ Gastan más de 10 millones de dólares en una campaña electoral para ser congresistas federales.

Me sorprende que gasten 10 millones de dólares ... porque ...

1. Un político paga pocos impuestos. _____
_____

2. Hay corrupción en muchos sectores del gobierno. _____
_____
_____

3. Los candidatos presidenciales gastan mucho dinero en su campaña electoral. _____
_____

4. Un político tiene una aventura amorosa. _____
_____

5. Otro país contribuye dinero a la campaña electoral de un candidato. _____
_____

Actividad 13: Los pros y contras. Comenta los pros y los contras de las siguientes ideas. Usa frases como **es bueno/malo que, es una pena que, es una lástima que, es lamentable que, es una vergüenza que, es fantástico que, espero que, ojalá.**

1. Las campañas electorales deben durar sólo tres semanas.

Pro   **Contra**

_____   _____

_____   _____

_____   _____

2. Hay que censurar ciertas ideas porque si no, la sociedad sufre una decadencia moral.

Pro   **Contra**

_____   _____

_____   _____

_____   _____

3. El voto debe ser obligatorio.

Pro   **Contra**

_____   _____

_____   _____

_____   _____

4. Una junta militar es mucho más eficiente que una democracia.

Pro   **Contra**

_____   _____

_____   _____

_____   _____

Actividad 14: Prioridades.

Parte A: Existen y siempre han existido problemas en el mundo. Lee la siguiente lista y pon los problemas en orden numérico, del más importante (1) al menos importante (7) para ti.

a. _____ la venta de armas de países como los Estados Unidos, Rusia, Alemania o Japón al Tercer Mundo

b. _____ la destrucción del medio ambiente, especialmente la de las zonas tropicales como la selva amazónica

c. _____ la educación de los analfabetos

d. _____ la falta de comida

e. _____ la violación de los derechos humanos

f. _____ la discriminación racial y religiosa

g. _____ la corrupción de los gobiernos y la influencia de las compañías multinacionales

Parte B: Ahora, explica qué puede hacer el gobierno de los Estados Unidos para ayudar a mejorar lo que marcaste como el problema más serio de la Parte A. Usa expresiones como **es preciso, es importante, quiero, espero, ojalá.**

_____

_____

_____

_____

_____

_____

Actividad 15: Miniconversaciones.
Termina estas conversaciones con el infinitivo o la forma apropiada del indicativo o del subjuntivo del verbo indicado.

1. — ¿Qué opinas sobre el nuevo gobierno?

— Es posible que _____ un buen programa doméstico. (establecer)

— Otra cosa, no creo que _____ a igual de corrupto que el gobierno anterior. (ser)

2. — No cabe duda de que _____ a tener éxito la campaña electoral de

   María Ángeles Pérez Galván. (ir)

   — Sí, cada día es más popular. Es obvio que _____ a ganar. (ir)

   — No sé. Faltan siete días para el debate televisivo. Es probable que el otro candidato

   _____ más soluciones para los problemas domésticos. (ofrecer)

   — Pero, ¿crees que él las _____ a cabo? (llevar)

   — Obviamente no. Ningún político hace lo que promete.

3. — ¿Oíste que el dueño de la compañía REPCO niega que actualmente

   _____ o que _____ en el pasado

   ningún tipo de discriminación contra la mujer? (existir, existir)

   — Está claro que él _____. El récord de esa compañía es pésimo.

   Siempre hay demandas contra ellos. (mentir)

Actividad 16: De acuerdo o no.

Parte A: Marca si estás de acuerdo o no con las siguientes oraciones. Escribe la palabra **sí** si la oración refleja tus pensamientos; escribe **no** si no los refleja.

1. _____ Se gasta demasiado dinero en las campañas electorales.

2. _____ Hay menos discriminación racial en los Estados Unidos que en Europa.

3. _____ Los Estados Unidos invierten demasiado dinero en gobiernos de otros países.

4. _____ Puede haber un golpe de estado en los Estados Unidos en el futuro próximo.

5. _____ Se debe censurar la pornografía en los Estados Unidos.

6. _____ En los Estados Unidos existe total libertad de prensa.

Parte B: Ahora escribe oraciones sobre tus opiniones de la Parte A. Si escribiste **sí**, usa expresiones como **es cierto que, es evidente que, no cabe duda que, creo que**. Si escribiste **no**, usa expresiones como **no creo que, no es posible que, no es verdad que**.

1. _____

   _____

2. _____

   _____

3. _____

   _____

4. _____

   _____

5. _____

   _____

6. _____

_____

Actividad 17: Tu profesor/a.

Parte A: Escribe tres oraciones con datos de los cuales estás seguro/a acerca de la vida de tu profesor/a.

→ **Estoy seguro/a de que mi profesor/a tiene título universitario.**

1. _____

_____

2. _____

_____

3. _____

_____

Parte B: Ahora escribe tres dudas que tienes sobre las acciones de tu profesor/a y sus actividades.

→ **Dudo que mi profesor/a haya trabajado en el Cuerpo de Paz.**

1. _____

_____

2. _____

_____

3. _____

_____

Actividad 18: ¿Qué pasó? Piensa en tu primer mes de universidad. Escribe oraciones sobre tus experiencias, empezando con las siguientes expresiones.

1. Lo más increíble _____

_____

2. Lo interesante _____

_____

3. Lo triste _____

_____

4. Lo más cómico_____

_____

Actividad 19: Tus últimas vacaciones. Escribe un párrafo sobre lo que hiciste en las últimas vacaciones y qué fue lo mejor, lo malo, lo triste, lo horrible, lo maravilloso y lo molesto de ellas.

→ **El año pasado fui a Cancún para mis vacaciones de primavera. Lo mejor fue el agua cristalina y pura del Caribe.**

_____

_____

_____

_____

_____

_____

Actividad 20: Gente famosa. Forma oraciones sobre gente famosa. Usa pronombres relativos en las oraciones.

→ **Federico García Lorca fue un autor <u>que</u> escribió poemas y dramas; lo asesinaron durante la Guerra Civil Española.**

1. Rosa Parks activista / sentarse en la parte delantera de un autobús para protestar contra la discriminación _____

_____

2. Georgia O'Keefe artista / pintar cuadros de flores y escenas del suroeste de los Estados Unidos _____

_____

3. Alvin Ailey coreógrafo / llevar muchas innovaciones al mundo del baile_____

_____

_____

4. Lucille Ball comediante / hacernos reír con sus programas de televisión _____

_____

5. Jesse James ladrón / robar bancos en el oeste de los Estados Unidos _____

_____

Actividad 21: Influencias. Escribe oraciones sobre personas o lugares que recuerdas de tu adolescencia. Debes usar pronombres relativos.

→ enamorarte de una persona

Una persona de quien me enamoré fue mi profesora de música.

1. participar en un partido _____

_____

2. estudiar con algún profesor/a especial _____

_____

3. besar a una persona _____

_____

4. oír un concierto inolvidable _____

_____

5. comer en un restaurante elegante _____

_____

Actividad 22: Un discurso.

Parte A: Termina el siguiente discurso dado por un político después de haber cumplido un año en el poder. Escribe las formas correctas del subjuntivo, indicativo o infinitivo de los verbos indicados. En algunos casos, debes elegir entre dos opciones y escribir la palabra o palabras lógicas en los espacios.

Después de un año con el partido Alianza Común, espero que Uds.

_____ (estar) contentos con los cambios. No queremos decepcionar a

la gran mayoría de los ciudadanos _____ (que/quienes) votaron por AC.

Cuando los militares, con _____ (que/quienes) pasamos una época

de terror e inseguridad, dejaron de gobernar, tuvimos un renacimiento de ideas y de libertades.

Es fantástico que ahora Uds. _____ (poder) vivir en paz, que

_____ (tener) voz en todos los aspectos del gobierno y que sus

opiniones y necesidades _____ (formar) la base de nuestro gobierno de

hoy y del futuro.

Durante mi primer año, hemos logrado muchos triunfos. Me alegra:

• que el año pasado, el partido Alianza Común _____ (construir)

1.650 casas para gente necesitada,

- que el mes pasado, AC _____ (iniciar) programas preescolares y prenatales,

- que durante el año se _____ (abrir) 50 fábricas nuevas,

- que en sólo 12 meses _____ (bajar) el desempleo al 7,8%,

- que a través de este año, el gobierno _____ (respetar) los derechos humanos de toda su gente.

Estoy seguro de que Uds. _____ (apoyar) los objetivos de Alianza Común. No les quiero _____ (mentir). El progreso no ocurre de la noche a la mañana, pero los programas iniciados, de _____ (los cuales/quienes) he hablado mucho, poco a poco van a contribuir al progreso. Espero _____ (poder) cumplir con mis promesas.

Ayer fue el cumpleaños de una de mis tres hijas, _____ (la que/quienes) todavía está en la escuela primaria; y vi en su cara y sus ojos el futuro de nuestra nación. Es verdad que nosotros les _____ (deber) a los niños un futuro seguro y sin preocupaciones. Ojalá que nosotros les _____ (poder) dar un buen futuro. Con la ayuda y apoyo de Uds., podemos convertir los sueños en realidad.

Parte B: Escribe un discurso de un político de los Estados Unidos que habla de lo que hizo él mismo o su partido el año pasado. Puede ser a nivel local, estatal o nacional. Usa el discurso de la Parte A como modelo e incluye cosas que hizo y promesas que espera cumplir.

_____

_____

_____

_____

_____

_____

_____

_____

_____

_____

_____

_____

_____

CAPÍTULO

Nuestro medio ambiente

Actividad 1: Una nota. Pablo le lleva unos folletos a su hermana, pero ella no está; entonces le deja la siguiente nota. Complétala con palabras afirmativas y negativas.

Querida Isabel:

Vine a traerte los folletos de Nicaragua pero no había _____ en tu

casa y como _____ me diste llave de tu apartamento no pude

entrar. Por eso pasé _____ folletos por debajo de la puerta, pero no

pude pasarlos todos. Todavía tengo _____. Míralos y llámame si

quieres más información. Puedes quedarte con los folletos porque ya no necesito

_____. ¿Piensas ir a Nicaragua sola o con _____

amigo? Es más divertido si vas con _____. _____

en mi vida pasé unas vacaciones tan divertidas como las que pasé en Nicaragua.

 Llámame esta noche y si no hay _____ en casa, deja un

mensaje en el contestador y te llamo.

Pablo

Actividad 2: Tu familia.

Parte A: Marca sólo las ocupaciones que tienen diferentes miembros de tu familia.

> **NOTE:** *Certain words denoting occupations are rarely used in the feminine:* **la mujer carpintero.**

☐ carpintero ☐ doctor/a ☐ electricista

☐ mecánico/a ☐ plomero ☐ contador/a

☐ dentista ☐ fotógrafo/a ☐ psicólogo/a

Parte B: Tus amigos tienen muchos problemas y poco dinero. Por eso, si un pariente tuyo puede prestarles sus servicios a un precio reducido tú los tratas de ayudar. Según tus respuestas de la Parte A, contesta estas preguntas de tus amigos.

→ Necesito ir al dentista. ¿Conoces a alguien?

Lo siento, no conozco a ningún dentista. / No conozco a nadie.

Sí, mi primo Charlie es dentista y te puede ayudar.

1. Mi carro no funciona. ¿Conoces a alguien que lo pueda arreglar?

_____

2. Tengo fiebre y no puedo respirar bien. ¿Conoces a un buen médico?

_____

3. Pienso comprar una lavadora y tengo que instalar un enchufe (*electrical outlet*) primero. ¿Conoces a alguien que sepa hacerlo?

_____

4. Mi hijo está muy deprimido y quiero buscarle ayuda. ¿Conoces a alguien?

_____

5. Llegué a casa y el inodoro no funciona; hay agua por todas partes. ¿Conoces a alguien que pueda venir de inmediato?

_____

6. Tengo que completar mis impuestos federales y no entiendo nada porque es sumamente complicado. ¿Conoces a alguien que me pueda ayudar?

_____

7. Pensamos casarnos en febrero y no sabemos quién va a sacar fotos. ¿Conoces a alguien?

_____

8. Quiero cambiar mi cocina: estoy harto (*fed up*) de tener una cocina fea y vieja. Quisiera una moderna. ¿Conoces a alguien que haga renovaciones?

_____

Actividad 3: ¿Con qué frecuencia?

Parte A: Marca con qué frecuencia haces las siguientes actividades relacionadas con el medio ambiente.

Actividad	Jamás	A veces	A menudo
1. comprar verduras orgánicas	☐	☐	☐
2. no comer carne	☐	☐	☐
3. acampar	☐	☐	☐
4. participar en manifestaciones contra el abuso del medio ambiente	☐	☐	☐
5. reciclar periódicos, plástico y/o vidrio	☐	☐	☐
6. caminar en vez de manejar	☐	☐	☐
7. apagar las luces al salir de una habitación	☐	☐	☐
8. escribirles cartas a los políticos sobre asuntos del medio ambiente	☐	☐	☐

Actividad	Jamás	A veces	A menudo
9. votar por candidatos que favorecen la protección del medio ambiente	☐	☐	☐
10. no comprar productos de compañías que abusan del medio ambiente	☐	☐	☐

Parte B: Ahora, escribe oraciones basadas en tus respuestas de la Parte A.

➡ Jamás / A veces / A menudo   **A menudo compro verduras orgánicas.**

1. _____
2. _____
3. _____
4. _____
5. _____
6. _____
7. _____
8. _____
9. _____
10. _____

Parte C: Contesta esta pregunta: ¿Respetas o no el medio ambiente?

_____

_____

_____

Actividad 4: Una persona ideal.

Parte A: Marca las cuatro cualidades que más buscas en un/a compañero/a de apartamento.

☐ ser mujer
☐ ser hombre
☐ saber cocinar
☐ gustarle hacer fiestas
☐ tener televisor

☐ ser ordenado/a
☐ pagar las cuentas a tiempo
☐ respetar tu intimidad (*privacy*)
☐ no traer amigos a casa
☐ no tenerles alergia a los gatos

Parte B: Ahora, usa las cualidades que marcaste en la Parte A y escribe un anuncio clasificado (*want ad*) para encontrar un/a compañero/a de apartamento. Divide el anuncio en tres partes: una frase que indique para qué es el anuncio, dos o tres frases que describan cómo eres tú, cuatro frases que indiquen qué buscas en un/a compañero/a.

> **NOTE:** Use the indicative to describe the known and the subjunctive to describe something that may or may not exist.

Busco una persona que quiera compartir un apartamento de dos dormitorios. _____

_____

_____

_____

_____

_____

Actividad 5: Tus amigos. Completa las preguntas sobre tus amigos con la forma apropiada del verbo indicado y después contéstalas.

> **NOTE:** Use a form of **haya** + past participle *to refer to possible past actions.*

→   ¿Conoces a algún estudiante que **tenga** perro? (tener)

Sí, mi amigo Bill tiene perro.   **No, no conozco a ningún estudiante que tenga perro.**

1. ¿Conoces a alguien que _____ hablar japonés? (saber)

_____

2. ¿Conoces a alguien que _____ en Suramérica el año pasado? (estudiar)

_____

3. ¿Tienes alguna amiga que _____ surf? (hacer)

_____

4. ¿Sueles comer con alguien que _____ vegetariano? (ser)

_____

5. ¿Conoces a alguien que ya _____ un buen trabajo para el verano que viene? (conseguir) _____

_____

Actividad 6: ¿Hay o no hay? Primero haz preguntas usando las siguientes frases y después contéstalas para dar tus opiniones.

→ muchos jóvenes / beber y manejar

A: ¿Crees que haya muchos jóvenes que beban y manejen?

B: Sé que hay jóvenes que beben y manejan, pero yo no conozco a nadie que beba y maneje.

B: Sí, hay muchos que beben y manejan.

1. mucha gente / ser completamente honrada

¿ _____ ?

_____

_____

2. padres / no comprarles juguetes bélicos a sus hijos

¿ _____ ?

_____

_____

3. mucha gente / tener un arma en su casa

¿ _____ ?

_____

_____

4. mujeres de más de 50 años / poder tener hijos

¿ _____ ?

_____

_____

5. muchos estudiantes / pagar más de $35.000 al año por sus estudios

¿ _____ ?

_____

_____

Actividad 7: Un anuncio. Tu profesor/a de español acaba de ganar la lotería y decidió dejar de enseñar; por eso tu universidad necesita una persona urgentemente. Escribe un anuncio clasificado para encontrar el/la profesor/a ideal.

Busco _____

_____

_____

_____

_____

Actividad 8: El lugar perfecto. Termina las siguientes oraciones sobre lugares ideales.

1. Quiero vivir en una casa que _____

_____

2. Necesito trabajar en una empresa que _____

_____

3. Si me caso algún día, prefiero pasar mi luna de miel en un sitio donde _____

_____

4. Después de graduarme, tengo ganas de visitar un país donde _____

_____

5. Si tengo hijos, quiero criarlos (*raise them*) en un lugar donde _____

_____

Actividad 9: Pesimismo. Eres un/a estudiante muy pesimista. Critica tu universidad. Usa frases como **no hay ningún profesor que, no hay nada aquí que, no conozco a nadie que, no hay ninguna clase que.**

1. _____

2. _____

3. _____

4. _____

5. _____

Actividad 10: Tus parientes. Completa las preguntas sobre tu familia con la forma apropiada del verbo indicado y después contéstalas.

→ A: ¿Hay alguien de tu familia que **viva** en otro país? (vivir)

B: Sí, mi hermana está en el ejército en Alemania.

B: No, no hay nadie de mi familia que viva en otro país.

1. ¿Hay alguien de tu familia que _____ más de cien años? (tener)

_____

2. ¿Hay alguien de tu familia que _____ en un asilo de ancianos? (vivir)

_____

3. ¿Hay alguien de tu familia que _____ casado más de cincuenta años?
(llevar) _____

_____

4. ¿Hay alguien de tu familia que_____ presidente de una compañía
en el pasado? (ser) _____

_____

5. ¿Hay alguien de tu familia que _____ como voluntario? (trabajar)

_____

6. ¿Hay alguien de tu familia que _____ embarazada ahora mismo?
(estar) _____

7. ¿Hay alguien de tu familia que _____ en esta universidad?
(graduarse) _____

_____

Actividad 11: La publicidad.
Completa estas oraciones para
hacer anuncios publicitarios.

> **REMEMBER**: *If actions are pending, use the subjunctive;
> if they are habitual or completed, use the indicative.*

1. Todos los días después de que _____ a casa, tomamos un

refrescante vaso de Jugo Tropical y nos sentimos mejor. (llegar)

2. Mañana cuando _____, relájese y revitalice su cuerpo con Gel de

Vitaliz, tratamiento para la piel con aloe y lanolina. (ducharse)

3. Esta noche mientras Ud. _____ sentado en su sillón favorito para

mirar la tele, goce de un masaje personal con los dedos mágicos de Manos Suecas. (estar)

4. Cuando _____ grabar un programa, ¿te resulta difícil programar

el video? ¿Lees las instrucciones hasta cansarte y _____ el control

remoto contra la pared? ¡Compra Mandofácil! El control remoto que resuelve tus

problemas. (querer, tirar)

Actividad 12: Mis sueños. Di cinco cosas que piensas hacer en un futuro próximo.

→ tener vacaciones

Cuando tenga vacaciones, voy a trabajar como voluntario/a en un hospital.

1. graduarme _____

_____

2. empezar un trabajo nuevo _____

_____

3. mudarme a otra ciudad _____

_____

4. ver a mis abuelos _____

_____

Actividad 13: El futuro. Forma oraciones sobre tu futuro usando las siguientes expresiones.

→ buscar un trabajo fijo (después de que)

Voy a buscar un trabajo fijo después de que pase un año viajando por Europa.

1. tener hijos (cuando)

_____

2. seguir estudiando (mientras)

_____

3. trabajar (hasta que)

_____

4. jubilarme (tan pronto como)

_____

Actividad 14: Antes, ahora y en el futuro.

> **NOTE:** *Use the indicative with reported and habitual actions. Use the subjunctive for pending actions.*

Parte A: Escribe un párrafo de cómo era tu vida antes de entrar a esta universidad usando las siguientes expresiones de tiempo: **cuando, en cuanto, después de (que), mientras que, hasta (que), tan pronto como.**

→ **Nunca estudiaba. Tan pronto como llegaba a casa comía algo y salía con mis amigos. No me preocupaba mucho por mis notas ...**

_____

_____

_____

_____

_____

_____

Parte B: Ahora, di cómo es tu vida universitaria usando las mismas expresiones de la Parte A.

➝ **Todos los días yo asisto a clase. Después yo ...**

_____

_____

_____

_____

_____

Parte C: Finalmente, usando las mismas expresiones, di cómo va a ser tu vida después de que termines la universidad.

➝ **Cuando termine mis estudios ... después de que ... hasta que ...**

_____

_____

_____

_____

_____

Actividad 15: Las gangas. Hay una venta excepcional en una tienda de artículos para acampar. Una persona llama por la tarde para averiguar si todavía tienen las siguientes cosas. Escribe la pregunta de la cliente y la respuesta del vendedor, usando **algunos/as** o **ninguno/a**. Los números entre paréntesis indican la cantidad de cada artículo que todavía tienen en la tienda.

➝ bicicletas de montaña (4)

Cliente: **¿Todavía les quedan algunas bicicletas de montaña?**

Vendedor: **Sí, nos quedan algunas.**

1. linternas (3)

Cliente: _____

Vendedor: _____

2. sacos de dormir (0)

   Cliente: _____

   Vendedor: _____

3. tiendas de campaña (0)

   Cliente: _____

   Vendedor: _____

4. navajas suizas (7)

   Cliente: _____

   Vendedor: _____

5. tablas de surf (0)

   Cliente: _____

   Vendedor: _____

6. bicicletas de carrera (2)

   Cliente: _____

   Vendedor: _____

7. mochilas (0)

   Cliente: _____

   Vendedor: _____

8. carteles de animales en peligro de extinción (0)

   Cliente: _____

   Vendedor: _____

Actividad 16: Verano o invierno. Categoriza las siguientes actividades.

acampar	hacer alas delta	hacer esquí nórdico	jugar al basquetbol
bucear	hacer esquí acuático	hacer snowboard	jugar al béisbol
escalar	hacer esquí alpino	hacer surf	montar en bicicleta

1. Actividades que se hacen en el verano: _____

   _____

2. Actividades que se hacen en el invierno: _____

   _____

3. Actividades que se hacen en el océano: _____

   _____

4. Actividades que se hacen en un lago: _____

   _____

5. Actividades que se hacen en las montañas: _____

   _____

Actividad 17: ¿Cuánto sabes?

Parte A: Marca con una **C** las oraciones que crees que son ciertas y con una **F** las que crees que son falsas.*

1. _____ En la ciudad de México, la contaminación llega a niveles tan altos que hay gente que vende aire fresco en la calle. Cuesta un poco más de un dólar por minuto.

2. _____ En los Estados Unidos se recicla menos del 10% de los productos hechos de plástico.

3. _____ Los norteamericanos desperdician el 10% de la comida que compran en el supermercado.

4. _____ El 25% de las especies de animales están en peligro de extinguirse en los próximos 25 años.

5. _____ En un día típico, un norteamericano usa 70 kilovatios mientras un latinoamericano usa sólo 3.

6. _____ Cada persona que recicla periódicos durante un año evita la destrucción de cuatro árboles.

7. _____ Con sólo plantar un árbol que dé sombra cerca de una casa, se puede reducir el costo del aire acondicionado a la mitad.

8. _____ Un norteamericano típico usa 7,5 millones de galones de agua en su vida.

9. _____ El 89% de los universitarios norteamericanos de primer año dicen que el medio ambiente ocupa el primer lugar dentro de sus preocupaciones.

Parte B: Todas las oraciones de la Parte A son ciertas. ¿Qué puedes hacer tú como individuo para proteger el medio ambiente? Usa los siguientes verbos en tus respuestas.

1. no desperdiciar: _____

_____

2. reducir: _____

_____

3. no desechar: _____

_____

4. reducir: _____

_____

5. reemplazar: _____

_____

_____

* Source: *1993 Earth Journal Environmental Almanac and Resource Directory.*

Actividad 18: El ecoturismo. Quieres hacer un viaje de ecoturismo a una zona remota del río Amazonas en Perú. El único problema es que no quieres ir solo/a. Escribe un anuncio explicando qué tipo de compañero/a buscas.

Quiero hacer un viaje al río Amazonas en Perú. Quiero ir con una persona que me acompañe,

que _____

_____

_____

_____

Actividad 19: Las referencias.

Parte A: Lee la siguiente nota que dejó Mariana para su compañero de apartamento y después contesta las preguntas.

Rogelio:

Lo siento pero no **te** pude comprar la linterna que querías. Le dije a Alberto
que **te la** comprara, pero él tampoco pudo. Así que mañana cuando recoja tu ropa de
la lavandería prometo conseguír**tela**. **Les** quería pedir un favor a ti y a

5   Marcos. ¿Podrían mandar**me** un paquete? Tiene que salir mañana y sé que Uds.
trabajan cerca del correo. Es un regalo para mi madre; **se lo** compré hace mucho
tiempo, pero tengo que mandár**selo** mañana porque su cumpleaños es el viernes. Dile
a Marcos que **le** busqué el artículo que quería, pero que no lo encontré. Voy a intentar
buscár**selo** en otra biblioteca.

10   Perdón y gracias,
                                Mariana

¿A qué, a quién o a quiénes se refieren las siguientes palabras?

1. **te** en la línea 2: _____

2. **te la** en la línea 3: _____ _____

3. conseguír**tela** en la línea 4: _____ _____

4. **Les** en la línea 4: _____

5. **me** en la línea 5: _____

6. **se lo** en la línea 6: _____

7. mandár**selo** en la línea 7: _____ _____

8. **le** en la línea 8: _____

9. buscár**selo** en la línea 9: _____

Parte B: Completa la nota que Rogelio dejó para Mariana con pronombres de complementos directo e indirecto.

Mariana:

Claro que _____ puedo mandar el paquete a tu madre. ¿Qué _____ compraste? ¿Te acuerdas de la pulsera que compré hace un par de meses en Taxco? _____ _____ regalé a mi madre el sábado pasado y le fascinó. _____ dije a Marcos que no habías encontrado el artículo que quería. Me dijo que ya _____ había encontrado en la red, pero de todas formas _____ manda las gracias por haber buscado. En cuanto a la linterna que quiero comprar … Mi hermano _____ _____ va a conseguir en una tienda cerca de donde vive él. _____ veo esta tarde.

Besos,

Rogelio

Actividad 20: Preparaciones. Contesta las preguntas de Ricardo sobre un viaje de andinismo que Ana y él están organizando. Usa pronombres de complementos directo e indirecto cuando sea posible.

Ricardo: ¿Ya compraste los boletos?

Ana: Sí, _____

Ricardo: ¿Y le mandaste el dinero para la reserva a la agencia?

Ana: Sí, _____

¿Tú le pediste los sacos de dormir a Gonzalo?

Ricardo: No, no _____

Ana: ¿Cuándo vas a hacerlo?

Ricardo: _____

Oye, ¿me compraste la navaja suiza que te pedí?

Ana: No, pero voy a _____

Ricardo: Bueno, creo que es todo.

Ana: Hay una cosita más. ¿Te entregaron el pasaporte?

Ricardo: Sí, por fin _____

Actividad 21: Miniconversaciones. Completa las siguientes conversaciones con **quien, el que, lo que** o **lo cual.**

1. — No tengo ganas de comer.

   — Te digo que comas algo o no te vas a mejorar.

   — Pero, me siento tan mal que no me entra nada.

   — Como dice mi madre: "_____ come, se mejora".

2. — _____ me molestó fue su actitud.

   — Es verdad, ese vendedor se portó muy mal.

   — Cuando vea al dueño, se lo voy a decir.

3. — Se dice que cada año se agranda más el agujero de la capa de ozono, _____ produce muchos problemas.

   — Dudo que en realidad exista un problema. Los científicos no están de acuerdo.

   — Cuéntaselo a los conejos del Cono Sur que están ciegos.

4. — Cuando voy al supermercado, llevo mi propia bolsa para no usar papel o plástico.

   — _____ enseña a través de sus acciones, educa a muchos.

   — Es verdad. _____ abusa del medio ambiente no aprecia la naturaleza.

Actividad 22: ¡Qué desperdicio!

Parte A: Estás harto/a del abuso del medio ambiente en tu universidad y piensas escribir una carta al periódico universitario para quejarte. Primero, haz una lista de los cuatro abusos que más te molestan.

➝ **Todo lo que venden en las cafeterías está envuelto en papel. No hay nadie que use las escaleras; siempre usan los ascensores.**

1. _____
2. _____
3. _____
4. _____

Parte B: Ahora, escribe soluciones posibles para los abusos que mencionaste en la Parte A.

1. _____

   _____
2. _____

   _____
3. _____

   _____

4. _____

_____

Parte C: Ahora escribe tu carta, comenzando con la siguiente oración:

Parece que no hay nadie en esta universidad que respete el medio ambiente.

_____

_____

_____

_____

_____

_____

_____

_____

_____

_____

_____

_____

_____

_____

_____

_____

_____

_____

_____

_____

_____

_____

_____

CAPÍTULO

Hablemos de trabajo

Actividad 1: El español y el empleo.

Parte A: ¿Qué tipo de empleo piensas buscar después de terminar tus estudios?

_____

Parte B: Se dice que saber un idioma es muy ventajoso al buscar trabajo. En los Estados Unidos, uno de cada seis empleados tiene un trabajo conectado con la exportación o la importación de productos. También es verdad que hay muchas personas de habla española que residen en este país. Ten en cuenta esto y tus futuros planes para terminar las siguientes oraciones.

Tomo clases de español ...

1. en caso de que _____

2. para que _____

3. para _____

Actividad 2: Las reglas. En cada trabajo hay reglas. Forma oraciones sobre las reglas que existen.

1. Los camareros se lavan las manos para que _____

_____

2. Los periodistas pueden revelar quiénes son sus fuentes de información (*informants*)

siempre y cuando _____

_____

3. Los empleados de oficina no pueden faltar al trabajo por enfermedad más de tres días

seguidos sin que _____

_____

4. Los psicólogos no deben hablar de los problemas de sus pacientes sin _____

_____

Actividad 3: La búsqueda de trabajo. Muchas personas empiezan a buscar trabajo de verano durante el año escolar. Termina estas oraciones con ideas originales que se podrían oír entre los universitarios.

Me van a ofrecer un trabajo ...

1. antes de que yo _____

2. para que yo _____

3. para _____

4. siempre y cuando _____

5. sin _____

6. a menos que yo _____

Voy a aceptar el trabajo ...

7. a menos que la empresa _____

8. para _____

9. con tal de que ellos _____

10. sin _____

11. a menos que yo _____

12. siempre y cuando _____

Actividad 4: Planes. Imagínate que te ofrecieron un trabajo en un pueblo que está en medio de la nada. Di bajo qué condiciones vas a aceptar el trabajo.

Voy a aceptar el trabajo ...

1. con tal de que _____

2. en caso de que _____

3. a menos que _____

Actividad 5: La crianza. Contesta estas preguntas sobre la crianza de los niños. (Si ya tienes hijos, escribe sobre tus futuros nietos.) Incorpora la conjunción indicada en tu respuesta.

Si algún día tienes hijos, ...

1. ¿vas a regalarles juguetes bélicos? (para que) _____

_____

2. ¿les vas a dar información sobre enfermedades como el SIDA (*AIDS*)? (a menos que)

_____

_____

3. ¿piensas darles educación religiosa? (para que) _____

_____

4. ¿vas a mandarlos a una escuela pública o privada? (a menos que) _____

_____

5. ¿quieres que trabajen mientras estudien en la escuela secundaria? (con tal de que)

_____

_____

Actividad 6: Personas audaces.

Parte A: Di si has hecho o no las siguientes cosas.

→   hacer alas delta

**He hecho alas delta y me gustó   Nunca he hecho alas delta y no pienso
mucho / pero no me gustó nada.   hacerlo / pero me gustaría hacerlo.**

1. correr un maratón

_____

2. pasar la noche en una estación de trenes

_____

3. tocar un instrumento musical en la calle para ganar dinero

_____

4. hacer paracaidismo (saltar de un avión)

_____

5. teñirse el pelo de un color no natural como morado o azul

_____

6. llamar a un número de 1-900 para saber algo sobre tu futuro según las cartas de tarot

_____

7. escalar los Andes

_____

8. bucear en el Caribe

_____

Parte B: Según tus respuestas de la Parte A, ¿te consideras una persona audaz o no? ¿Por qué?

_____

_____

_____

Actividad 7: ¿Has ... alguna vez? Forma preguntas usando las siguientes frases y después contéstalas.

→ A: ¿Has ... alguna vez?

B: Sí, he ...   **B: No, nunca he ...**

1. buscar trabajo en esta universidad

   ¿ _____ ?

   _____

2. solicitar un puesto de camarero/a

   ¿ _____ ?

   _____

3. negociar para conseguir un mejor sueldo

   ¿ _____ ?

   _____

4. escribir un curriculum para un empleo

   ¿ _____ ?

   _____

5. trabajar para alguien de tu familia

   ¿ _____ ?

   _____

6. obtener visa para trabajar en otro país

   ¿ _____ ?

   _____

7. tener un conflicto laboral

   ¿ _____ ?

   _____

8. mentir para no ir a trabajar

   ¿ _____ ?

   _____

Actividad 8: La graduación. Forma oraciones diciendo cuáles de las siguientes cosas ya has hecho y cuáles todavía tienes que hacer antes de graduarte.

tomar una clase de historia
terminar los cursos de mi
   especialización
estudiar en otro país
pedirles cartas de recomendación a
   algunos profesores
escribir una tesina (*short thesis*)
asistir a clases de verano

hacer trabajo voluntario
cursar más clases de matemáticas
pagar las multas (*fines*) por haber
   aparcado mal
hablar con mi consejero/a
obtener información de la oficina de
   empleo de la universidad
escribir un curriculum

1. ¿Cuáles son tres cosas que ya has hecho?

   a. _____

   b. _____

   c. _____

2. ¿Cuáles son dos cosas que todavía tienes que hacer?

   a. _____

   b. _____

Actividad 9: Definiciones. Define las siguientes palabras que tienen que ver con el empleo.

1. el salario mínimo _____

_____

2. el aguinaldo _____

_____

3. los días feriados _____

_____

4. la licencia por maternidad _____

_____

5. una solicitud de empleo _____

_____

Actividad 10: El día laboral.

Parte A: Escribe **sí** si estás de acuerdo y **no** si no estás de acuerdo con las siguientes oraciones.

1. _____ En los Estados Unidos, un hombre y una mujer ganan la misma cantidad de dinero en el mismo puesto.

2. _____ El gobierno debe aumentar el salario mínimo para que los trabajadores puedan vivir con dignidad.

3. _____ Un empleado sólo debe recibir aguinaldo si su trabajo es excepcional.

4. _____ En los últimos veinte años, los ingresos han subido más que la inflación, por eso la clase media goza de un mejor nivel de vida.

5. _____ En un país democrático, tener seguro médico estatal es un derecho de todo ciudadano.

6. _____ Es mejor bajar los sueldos de todos los empleados que despedir a algunos.

7. _____ Si hay que despedir a alguien, debe ser la última persona empleada.

Parte B: Reacciona a una de las oraciones de la Parte A, diciendo por qué estás o no estás de acuerdo con la idea expresada.

_____

_____

_____

_____

_____

_____

Actividad 11: Buscando empleo.

Parte A: Contesta estas preguntas.

> **NOTE:** *If you already have a summer job or do not plan on working this summer, do* **Actividad 11** *as if you were searching for a job.*

1. ¿Qué trabajo buscas para este verano? _____

_____

2. ¿Quieres trabajar tiempo completo o medio tiempo? _____

_____

3. ¿Cuánto te gustaría ganar al mes? _____

4. ¿Quieres tener algunos beneficios laborales? ¿Cuáles? _____

_____

5. ¿Va a ser fácil o difícil encontrar el trabajo que quieres? _____

_____

6. ¿Hay más oferta que demanda de personas en estos puestos? _____

_____

7. ¿Cómo vas a buscar el trabajo? ¿A través de amigos? ¿En los avisos clasificados? ¿En la oficina de empleo de tu universidad? _____

_____

Parte B: ¿Cuáles de estas cosas has hecho ya y cuáles tienes que hacer todavía para conseguir un trabajo para este verano?

1. escribir un curriculum

_____

2. pedir por lo menos tres cartas de referencia

_____

3. completar solicitudes

_____

4. tener entrevistas

_____

Actividad 12: Los beneficios.

Parte A: Numera los siguientes beneficios laborales del más importante (1) al menos importante (9) para un/a empleado/a.

_____ recibir aguinaldo

_____ tener acceso a una guardería infantil en el trabajo

_____ tener libres los días feriados

_____ tener licencia por enfermedad

_____ tener licencia por maternidad

_____ tener licencia por matrimonio

_____ tener seguro de vida

_____ tener seguro dental

_____ tener seguro médico

Parte B: Ahora, explica por qué seleccionaste los dos beneficios más importantes (1 y 2) y los dos menos importantes (8 y 9) de la Parte A.

_____

_____

_____

_____

_____

_____

Actividad 13: Se busca vendedor/a. Acabas de entrevistar a una mujer para un puesto de vendedora en tu empresa y tienes que escribir un informe sobre la entrevista. Usa **ni ... ni, ni siquiera** y **o ... o** cuando sea posible.

Requisitos para el puesto

escribir a máquina 60 palabras por minuto
WordPerfect y Lotus en IBM
3 años de experiencia en una empresa
terminología médica y legal
hablar francés y alemán

Experiencia y conocimientos de Victoria Junco

escribir a máquina 60 palabras por minuto
Microsoft en Macintosh
1 año de experiencia en la biblioteca de la
universidad
hablar italiano
tener buena presencia y cartas de referencia
excelentes

Victoria Junco sabe escribir a máquina 60 palabras por minuto y redactar en Microsoft en

Macintosh, pero no sabe _____

_____

_____

_____

_____

_____

_____

Actividad 14: ¿Por o para? ¿Cuáles son los motivos o propósitos más probables de buscar un trabajo nuevo? Completa la siguiente lista con **por** o **para** y luego, indica con una equis (**X**) los motivos que para ti serían válidos.

Voy a buscar un trabajo nuevo ...

1. _____ tener un mejor seguro médico ☐

2. _____ problemas que tengo con mi jefa actual ☐

3. _____ vivir demasiado lejos de la empresa ahora ☐

4. _____ poder hacer algo para ayudar a otras personas ☐

5. _____ la falta de responsabilidades que ofrece mi puesto actual ☐

6. _____ ganar un mejor sueldo ☐

7. _____ tener que trabajar los días feriados ahora ☐

8. _____ trabajar demasiadas horas extras ☐

9. _____ tener guardería infantil para mi futuro hijo ☐

Actividad 15: Un padre con problemas.

Parte A: Un hombre escribe una carta a un diario pidiéndole consejos a Esperanza. Complétala usando **para** o **por.**

Estimada Esperanza:

Soy un hombre de 46 años y me he pasado toda la vida trabajando _____ darles un buen futuro a mis hijos. Trabajo en una fábrica de ropa y he trabajado allí gran parte de mi vida. Me consideran un empleado muy valioso en la empresa y el año pasado recibí un premio _____ ser el empleado más enérgico. Todo esto lo hice _____ mi mujer y mis hijos. Ellos son mi vida y lo hago todo _____ ellos. El día que me muera, todas mis posesiones van a ser _____ ellos. A pesar de todos mis esfuerzos, mi familia me pide cada vez más: que el carro, que unos pantalones nuevos, que los tenis de Michael Jordan. Siento que me chupan la sangre y que nunca están satisfechos con lo que hago _____ el bien de ellos y ¡con todo lo que les doy!

　　　Esperanza, ¿tiene algún consejo _____ mí?

　　　　　　　　　　　　　　　　　　　　　　　Un padre no apreciado

Parte B: Ahora, contéstale la carta al señor, usando algunas oraciones con **para** y **por.**

Estimado Padre no apreciado:

_____

_____

_____

_____

_____

　　　　　　　　　　　　　　　　　　　　　　　Con esperanza de Esperanza

Actividad 16: Compañeros de apartamento.
Las siguientes preguntas contienen actividades que una persona puede hacer **por** o **para** un/a compañero/a de cuarto. Completa las preguntas con **por** o **para.** Después contéstalas.

1. Cuando tu compañero/a ensucia (*dirty*) la alfombra, ¿pasas la aspiradora _____ él/ella? _____

_____

　　　　　　　　　　FUENTES WORKBOOK / Capítulo 8　　**125**

2. Cuando tu compañero/a no está, ¿anotas mensajes telefónicos _____ él/ella?

_____

_____

3. Cuando tu compañero/a deja los platos sucios, ¿lavas los platos _____ él/ella?

_____

_____

4. ¿Llevas amigos a casa _____ presentárselos a la otra persona?

_____

5. ¿Tomas apuntes en clase _____ dárselos a la otra persona cuando está

enferma? _____

_____

6. Cuando tu compañero/a no quiere ir al mercado, ¿haces la compra _____

él/ella? _____

_____

7. ¿Has preparado una fiesta sorpresa _____ el cumpleaños de tu compañero/a

alguna vez? _____

_____

Actividad 17: ¿Qué pasa? El hijo de la familia Gris, que acaba de cumplir dieciocho años,
organizó una fiesta. El padre echa un vistazo para ver qué tal va la fiesta de su hijo y le cuenta a
su esposa lo que está pasando. Escribe qué está diciendo el padre. Usa el **se** recíproco o
pronombres de complemento directo cuando sea posible.

1. Ana y Pepe / mirar _____

2. Raúl / mirar / ellos _____

3. Beto / mirar _____

4. Jorge y Laura / besar _____

5. Pablo y Paco / abrazar _____

6. Enrique, Marta y Luz / hablar _____

Actividad 18: La pareja. Piensa en una pareja que conoces bien y contesta estas preguntas.

1. ¿Se besan y se abrazan mucho en público? Si contestas que sí, ¿te molesta o no te importa?

_____

_____

2. ¿Tardan horas en despedirse cada noche? _____

_____

3. ¿Se pelean mucho, a veces o nunca? Si contestas mucho o a veces, ¿lo hacen en público?
   ¿Te molesta o no te importa? _____

_____

4. ¿Crees que se lleven bien? En tu opinión, ¿deben casarse? ¿Por qué sí o no? _____

_____

_____

Actividad 19: La entrevista. Completa esta parte de una carta donde le cuentas a un amigo cómo te fue en una entrevista. Usa pronombres de complementos directo o indirecto, pronombres reflexivos o recíprocos.

Primero, el director _____ dio la mano y _____ saludó.

_____ miramos el uno al otro por unos segundos para rápidamente formar una

primera impresión. Después _____ sentamos y _____ hizo una

cuantas preguntas sobre mi experiencia; _____ dije que había trabajado para ti y es

probable que _____ llame. Cuando _____ hables, quiero que le digas

que _____ ayudé con el proyecto en Maracaibo porque eso le va a causar una

buena impresión. Más tarde _____ expliqué algunas ideas que tengo sobre cómo

mejorar la producción de la compañía. Le mostré un plan de producción y _____

miró con mucho interés. Al terminar la entrevista, él llamó a una colega y _____

hablaron en voz baja durante un par de minutos sobre mis capacidades. Al final

_____ despedimos y él me va a llamar la semana que viene. Creo que puedo

trabajar para este señor. Él y yo _____ llevamos muy bien.

Actividad 20: Me gustaría.

Parte A: Anota tres cosas que nunca has hecho pero que te gustaría hacer. Pueden estar relacionadas con tu vida profesional o privada.

→ **Nunca he escalado una montaña, pero me gustaría hacerlo.**

1. _____

    _____

2. _____

    _____

3. _____

    _____

Parte B: Justifica tus respuestas de la Parte A. Usa **antes de (que)** y **para** en tus respuestas.

→ **Quisiera escalar una montaña antes de ser demasiado mayor para hacerlo y para hacer actividad física que no esté relacionada con mi trabajo.**

1. _____

    _____

2. _____

    _____

3. _____

    _____

Parte C: Escríbele una nota a un/a amigo/a para convencerlo/la de que te acompañe a hacer una de las cosas que mencionaste en la Parte A. Usa frases como **en caso de que, con tal de que, a menos que, sin que** y **para que.**

→ **¿Has escalado una montaña alguna vez? Pues yo no, pero me gustaría. Te invito con tal de que estés en buenas condiciones físicas y ...**

_____

_____

_____

_____

_____

_____

_____

_____

_____

CAPÍTULO

Es una obra de arte

Actividad 1: Goya.

Parte A: Completa esta descripción de la vida de Francisco de Goya con las formas apropiadas del imperfecto del subjuntivo de los verbos indicados. Los verbos están en orden.

> ***NOTE:*** *Form the imperfect subjunctive using the third-person plural of the preterit as the base.*

	Francisco de Goya nació en Fuendetodos en 1746, pero su familia se mudó a Zaragoza cuando Goya era pequeño porque su padre quería
recibir	que él _____ una buena educación. Allí aprendió a leer y a escribir. Después estudió con los jesuitas y un cura
desarrollar	le dijo que _____ su habilidad de dibujar y le
copiar	sugirió que _____ los cuadros de Luzán, pintor local de poca importancia. Muy pronto, asimiló técnicas básicas de pintura y más tarde fue a Madrid y a Italia para aprender otras técnicas y para tener otras fuentes de inspiración.
	Como pintor, fue único en su época. En sus *Caprichos*, unos grabados al agua fuerte (*etchings*), obligó al público a que
entender	_____, a través de la sátira, cómo era la sociedad. En 1799, llegó a ser el pintor preferido de los Reyes. Él
ver	quería que el pueblo _____ a la familia real tal como era, y por eso la pintó con un realismo que no sólo mostraba las buenas cualidades de la familia sino también sus defectos. Durante una larga vida de 82 años, Goya pasó por épocas difíciles en la historia española. La invasión napoleónica, de principios del siglo XIX dejó horrorizado a Goya y, como resultado, quiso que sus obras
representar	_____ toda la angustia producida por la guerra sin glorificarla de ninguna forma. Para otros pintores anteriores a
conocer	Goya, era imprescindible que la gente _____ los triunfos de las guerras, pero Goya esperaba que su público

enfrentarse _____ con la realidad trágica que él vio diariamente durante esa época.

A los 70 años, Goya empezó una serie de obras sobre la tauromaquia, en la cual nos enseña todos los aspectos de la corrida de toros. Más tarde, pintó los *Cuadros negros*, llamados así por ser el negro el color predominante y por un contenido horroroso. Los pintó en las paredes de su casa, La Quinta del Sordo, llamada así porque Goya se volvió sordo a la edad de 46 años. El mundo conoció estos cuadros cincuenta años después de su muerte. Los pintó durante la última parte de su vida, en la cual vio grandes cambios sociales, y durante la cual probó diferentes estilos de pintura. Así logró mostrar la sociedad de aquel entonces tal como era sin que nadie

ver _____ una versión idealizada de la realidad.

Parte B: Contesta estas preguntas.

¿Has visto algunos cuadros de Goya? Si contestas que sí, ¿dónde? ¿Te gustaron? Si contestas que no, ¿te gustaría verlos?

_____

_____

_____

_____

Actividad 2: Un grabado.

Contesta las preguntas sobre este grabado al agua fuerte de Goya, que pertenece a *Los caprichos*. La mujer se mira en un espejo para arreglarse porque hoy cumple 75 años y espera la visita de unas amigas jóvenes.

Hasta la muerte

1. ¿Cuántas personas hay en el grabado y qué hacen? _____

   _____

   _____

   _____

   _____

   _____

2. Describe físicamente a la persona principal. Incluye detalles. _____

   _____

   _____

   _____

   _____

   _____

3. Según el contenido y el título, ¿en qué quería Goya que pensáramos al ver este grabado?

   _____

   _____

4. ¿Crees que las mujeres sean creídas en cuanto a su apariencia física? Justifica tu respuesta.

   _____

   _____

   _____

5. ¿Crees que los hombres sean creídos en cuanto a su apariencia física? Justifica tu respuesta.

   _____

   _____

   _____

Actividad 3: Miniconversaciones.

Completa las siguientes conversaciones que se oyeron en una exhibición de arte. Usa el presente del subjuntivo, el presente perfecto del subjuntivo o el imperfecto del subjuntivo.

1. — ¿Dónde quiere que _____ esta escultura?

   — Al lado de la ventana. (poner)

2. — ¿Crees que ya _____ la pintora Vargas?

   — No sé, no la veo. (llegar)

3. — No entiendo el arte moderno. ¿Qué expresa este cuadro?

   — ¿Ves esta imagen aquí? Pues, el artista quería que nos _____ cuenta de lo inhumano que puede ser el mundo. (dar)

4. — Esperaba que la galería _____ obras de artes plásticas.

   — Yo también. Es una lástima que no lo _____. (incluir, hacer)

5. — ¿Quiere Ud. que le _____ un poco de champaña?

   — Sí, por favor. (servir)

6. — ¿Por qué pintó al gato de color verde?

   — Para que el gato _____ la esperanza que tenía el hombre. (representar)

Actividad 4: Oído en una reunión familiar.

Estás en una reunión familiar y escuchas las siguientes frases de gente que está a tu alrededor. Complétalas con la forma apropiada de los verbos correspondientes en el presente del subjuntivo o el imperfecto del subjuntivo.

1. Me alegró que REPSOL le _____ un puesto de tanta responsabilidad a Ramón. (ofrecer)

2. Nos rogó que le _____ la foto de su hermana de cuando ella tenía cinco años. (dar)

3. Dudo que ella _____ una solución a los problemas que tiene con su marido. (encontrar)

4. Tu madre sintió mucho que tú no _____ ir a casa para Navidad. (poder)

5. Les recomendé que _____ a una universidad norteamericana para hacer estudios de posgrado. (asistir)

6. Quiero que tú _____ a los padres de tu novia a comer en casa el sábado. (invitar)

7. Fue una pena que doña Matilde nunca _____ a América para conocer a sus nietos. (viajar)

Actividad 5: Las exigencias. Forma oraciones para decir qué querían las siguientes personas que tú hicieras.

	querer		aprender a tocar un instrumento musical
			asistir a la universidad
mis padres	esperar		consumir drogas
mi entrenador/a (*coach*)	exigir	que yo	entregar los trabajos a tiempo
mis profesores	insistir en		llegar a tiempo a los entrenamientos
	prohibir		tomar alcohol
			trabajar al máximo
			trabajar durante el verano

1. _____

2. _____

3. _____

4. _____

5. _____

6. _____

7. _____

8. _____

Actividad 6: Las malas influencias. Los años de la adolescencia no son fáciles. Di tres cosas que tus amigos querían que tú hicieras, pero que te negaste a hacer por ser ilegales, malas o simplemente por ir en contra de tus valores personales.

1. Mis amigos querían que yo _____

_____

2. Mis amigos insistían en que yo _____

_____

3. Mis amigos esperaban que yo _____

Actividad 7: Buscaba ...

Parte A: Marca las cualidades que te importaron al seleccionar una universidad.

☐ el precio de la matrícula   ☐ los programas deportivos

☐ la calidad de la educación   ☐ el lugar donde estaba

☐ la vida extracurricular   ☐ las becas (*scholarships*) posibles

☐ la calidad de las residencias   ☐ la existencia de un sistema griego

   estudiantiles   (*fraternities and sororities*)

☐ la reputación de las fiestas   ☐ una ciudad universitaria bonita

☐ una filosofía liberal ☐ una filosofía conservadora

☐ buenos laboratorios ☐ un buen sistema de computadoras

Parte B: Ahora, forma oraciones con las cualidades que marcaste en la Parte A. Usa verbos como **ofrecer, tener, estar,** y **existir.**

→ **Busqué una universidad que tuviera un buen programa de deportes.**

1. _____

2. _____

3. _____

4. _____

5. _____

6. _____

Actividad 8: Siempre hay cambios.

En los últimos cincuenta años, el mundo ha pasado por muchos cambios, no sólo tecnológicos sino también sociales. Termina estas oraciones sobre los efectos de estos cambios.

1. Cuando se casó mi abuela, ella quería que su esposo _____

_____.

2. Cuando las mujeres de mi generación se casan, ellas quieren que su esposo _____

_____.

3. Cuando se casó mi abuelo, él esperaba que su esposa _____

_____.

4. Cuando los hombres de mi generación se casan, ellos quieren que su esposa _____

_____.

5. Cuando mis padres eran pequeños, mis abuelos querían que ellos _____

_____.

6. Los padres de hoy en día quieren que sus hijos _____

_____.

Actividad 9: El papel del arte.

Parte A: Termina estas oraciones para mostrar el papel del arte en la sociedad, según diferentes puntos de vista.

→ Muchos artistas querían … que su arte / provocar discusión

Muchos artistas querían que su arte provocara discusión.

Muchos artistas querían …

1. que su arte / educar al público

_____

2. que su arte / provocar interés en un tema

_____

3. que su arte / criticar las injusticias sociales

_____

4. que su arte / entretener al público

_____

La iglesia esperaba ...

   5. que el arte / inspirar la creencia en lo divino

_____

   6. que el arte / inculcar valores morales

_____

   7. que el arte / mostrar el camino al cielo

_____

   8. que el arte / llevarles la palabra de Dios a los analfabetos

_____

Muchos gobiernos insistían en ...

   9. que el arte / servir de propaganda

_____

  10. que el arte / no contradecir su ideología

_____

  11. que el arte / glorificar hechos históricos

_____

  12. que el arte / inspirar actos patrióticos

_____

Parte B: ¿Cuál es el papel más importante del arte en una sociedad para ti?

Creo que el papel del arte en una sociedad es principalmente _____

_____

_____

_____

_____

Actividad 10: ¿Qué dijo? Transforma esta conversación de estilo directo en indirecto (*reported speech*) usando el pasado.

Ana:	¿Piensas ir al cine el sábado?
Marcos:	No sé, ¿por qué?
Ana:	Van a poner una serie de películas con Antonio Banderas.
Marcos:	Puede ser interesante. ¿Has invitado a Paco?
Ana:	Lo llamé pero no lo encontré en casa. Le dejé un mensaje y va a llamarme.
Marcos:	Dudo que vaya.
Ana:	Sí, es posible que tenga que trabajar.

Ana le preguntó a Marcos si _____ ir al cine el sábado. Él le contestó que no _____ y le preguntó por qué. Ella le explicó que _____ a poner una serie de películas de Antonio Banderas. Marcos le dijo que _____ ser interesante y le preguntó si _____ a Paco. Ella respondió que lo _____ pero que no lo _____ en casa. Añadió que le _____ un mensaje y que él _____ a llamarla. Marcos dijo que _____ que Paco _____. Ana estaba de acuerdo porque ella dijo que _____ posible que Paco _____ que trabajar.

Actividad 11: En medio. Unos compañeros de trabajo no se llevan bien y tú eres amigo/a de los dos. Hablaste con él y ahora tienes que decirle a ella lo que él te dijo.

Lo que él te dijo	**Lo que le dices a ella**
1. "No quiero que ella me diga lo que tengo que hacer."	Dijo que _____ _____.
2. "Insisto en que no me critique tanto delante de otras personas."	Insistió en _____ _____.
3. "Exijo que ella se ocupe más de sus proyectos."	Exigió que _____ _____.
4. "Es preciso que no tarde tanto tiempo en comer."	Dijo que _____ _____.
5. "No quiero tomar mensajes personales para ella."	Dijo que _____ _____.

Actividad 12: Pedir o preguntar.

Parte A: Completa estas oraciones sobre dos personas que salen juntas por primera vez con la forma apropiada de **pedir** o **preguntar**.

1. Ella le _____ qué quería hacer.

2. Él le _____ si quería acompañarlo a una exhibición.

3. Ella le _____ de qué era la exposición.

4. Él le dijo que era de escultura románica de la Edad Media y le _____ si le interesaba.

5. Ella le contestó que sí y le _____ que la pasara a buscar al trabajo a las seis de la tarde.

6. Él le dijo que sí, pero que no sabía dónde trabajaba, y por eso le _____ la dirección.

7. Ella le dio la dirección y le _____ que esperara en su carro afuera del edificio por si acaso salía un poco tarde.

8. Como no sabía exactamente dónde estaba esa calle, él le _____ instrucciones para llegar y el número de teléfono de su trabajo por si acaso.

Parte B: Ahora, continúa explicando qué ocurrió en la exposición. Completa este resumen con la forma correcta del verbo indicado.

1. Él le preguntó si le _____ la exposición. (gustar)

2. Ella le contestó que le _____. (fascinar)

3. Ella le preguntó si _____ arte de la Edad Media mientras estaba en la universidad porque parecía saber mucho del tema. (estudiar)

4. Él le contestó que sí y le preguntó si _____ leer algo sobre el tema. (querer)

5. Ella le dijo que sí y le pidió que le _____ algunos libros. (prestar)

Actividad 13: Definiciones. Marca la letra de la definición que mejor describe cada verbo.

1. _____ apreciar   a. dar dinero para apoyar una exhibición

2. _____ burlarse de algo   b. poder gozar de algo por su belleza o su mensaje

3. _____ censurar   c. representar una cosa con otra

4. _____ criticar   d. buscar un significado a base de observación

5. _____ interpretar   e. encontrar puntos negativos tanto como positivos

6. _____ simbolizar   f. poner algo en ridículo

                                     g. prohibir

Actividad 14: La palabra justa. Selecciona la palabra correcta y escríbela en el espacio en blanco.

1. Mi tío es un _____ excelente. Cuando crea un animal de cerámica no se le escapa ni un detalle. (artista / artesano)

2. Grant Hill puede ganar mucho dinero al vender su _____. (imagen / símbolo)

3. Al mirar el cuadro *Las meninas*, la obra maestra de Velázquez, se puede ver un

_____ del pintor mismo adelante a la izquierda. (retrato / autorretrato)

4. No me gustaba mucho la _____ que hacía Ebert, siempre estaba de acuerdo con la opinión de Siskel. (censura / crítica)

5. Por ser un _____ de vanguardia, recibió dinero de la Fundación Juan March. Ahora mismo una galería de SOHO tiene una exhibición de sus obras. (artista / artesano)

6. El _____ de Macintosh es una manzana. (imagen / símbolo)

Actividad 15: La inspiración. Contesta estas preguntas.

1. Se dice que para ser artista uno tiene que sufrir. ¿Estás de acuerdo con esta afirmación?

_____

_____

_____

2. ¿Cuáles son algunas fuentes de inspiración que tienen los artistas?

_____

_____

_____

3. ¿Crees que los grandes artistas hayan tenido habilidad innata? ¿Es posible llegar a ser artista con sólo estudiar?

_____

_____

_____

Actividad 16: Arte popular. Contesta estas preguntas sobre el arte dando tu opinión.

1. Existe un tipo de arte popular que se ve todos los días en el periódico: las tiras cómicas. ¿Cuál es una de las tiras cómicas que más burla hace de los políticos?

_____

_____

2. A veces los periódicos censuran ciertas tiras cómicas por hacer una sátira demasiado directa y ofensiva. ¿Alguna vez te has ofendido por algo que viste en una tira cómica? Si contestas que sí, explícalo. _____

_____

_____

Si contestas que no, ¿bajo qué circunstancias crees que se deba censurar una tira cómica?

_____

_____

_____

3. En muchos anuncios publicitarios, las imágenes ayudan al público a formar ciertas ideas relacionadas con sus productos. Por ejemplo, algunas compañías que venden crema para la cara quieren que creas que has encontrado la fuente de la juventud. Habla de algún anuncio que hayas visto y las ideas que fomenta.

_____

_____

_____

4. ¿Crees que los anuncios de cigarrillos y alcohol glorifiquen la costumbre de fumar y beber? Da ejemplos para apoyar tu opinión. _____

_____

_____

_____

Actividad 17: La imagen. Las imágenes que usan en sus anuncios son muy importantes para las compañías grandes. Mira las siguientes partes de anuncios y comenta en qué te hace pensar cada imagen.

→ **La imagen me hace pensar en ...**   **Es posible que sea un anuncio para ...**

_____

_____

_____

_____
_____
_____
_____
_____
_____

¡Haz la inversión de tu vida!

_____
_____
_____
_____
_____
_____

Actividad 18: La voz pasiva. Cambia las siguientes oraciones de la voz activa a la voz pasiva.

1. Velázquez pintó el cuadro *Las meninas*.

_____

2. Miguel Angel esculpió *La piedad*.

_____

3. Antonio Gaudí creó las esculturas del Parque Güell en Barcelona.

_____

4. Juan O'Gorman hizo el mosaico gigantesco de la Biblioteca de la Universidad Nacional Autónoma de México.

_____
_____

5. Ricky Martin cantó "Livin' la Vida Loca".

_____

6. Frank Gehry diseñó el Museo Guggenheim de Bilbao.

_____

7. Diego Rivera hizo un mural para el Centro Rockefeller en Nueva York, pero Nelson Rockefeller lo cubrió y luego lo quitó por tener la imagen de Lenín.

_____

_____

Actividad 19: Miniconversaciones. Completa estas conversaciones con las siguientes frases. Sólo se pueden usar una vez.

por casualidad	por lo general	por si acaso
por cierto	por lo menos	por el otro
por ejemplo	por un lado	

1. — _____, el gobierno quiere que nosotros lo apoyemos

   en todo lo que hace.

   — Sí, pero _____, quiere acabar con todos los programas

   sociales.

2. — Vi a Fernando hoy.

   — ¿Tenías cita con él?

   — ¡Qué va! Lo encontré _____. No esperaba verlo.

3. — Debes llevar un paraguas.

   — ¿Por qué? No parece que va a llover.

   — A mí me parece que sí. Llévalo _____.

4. — Cada vuelo que he tomado con esta aerolínea llega tarde.

   — Sí, pero _____ nunca te han perdido las maletas y eso

   es mejor que en otras líneas aéreas.

5. — ¿Oíste el nuevo disco compacto de Celia Cruz?

   — Sí, es buenísimo. _____, compré otro disco de ella

   anteayer.

   — ¿Cuál?

   — *Azúcar negra*.

Actividad 20: Exprésate. ¿Qué es el arte para ti?

_____

_____

_____

_____

_____

_____

_____

_____

_____

_____

_____

_____

NOMBRE _____ FECHA _____

CAPÍTULO

 Matrimonios y algo más

Actividad 1: Tu futuro.

Parte A: Marca si estas actividades formarán parte de tu futuro o no.

	Sí	No	Es posible
1. trabajar en algo relacionado con la educación	☐	☐	☐
2. vivir en otro país durante un período largo	☐	☐	☐
3. hacer estudios de posgrado	☐	☐	☐
4. tener hijos	☐	☐	☐
5. participar en campañas políticas	☐	☐	☐
6. dedicar parte de tu tiempo a trabajos voluntarios	☐	☐	☐

Parte B: Ahora, basándote en tus respuestas de la Parte A, escribe oraciones sobre tu futuro.

→ **(No) Trabajaré en algo relacionado con la educación. / Es posible que trabaje en algo relacionado con la educación.**

1. _____
2. _____
3. _____
4. _____
5. _____
6. _____

Actividad 2: Promesas de Año Nuevo.

Parte A: Escribe las promesas que hicieron estas personas para el Año Nuevo.

→ Ana: usar más el transporte público

Ana usará el transporte público más.

1. Juan: no comer comidas altas en calorías

_____

2. Paulina: encontrar trabajo

_____

3. Julián: dejar de fumar

_____

4. José Manuel: irse de la casa de sus padres y buscar un apartamento

_____

5. Josefina: mejorar su vida social y hacer nuevos amigos

_____

6. Jorge: decir siempre la verdad

_____

7. Marta: ir más al teatro

_____

8. Angelita: comer menos en restaurantes y así poder ahorrar más dinero

_____

Parte B: Ahora, escribe tres promesas tuyas para el año que viene.

1. _____
2. _____
3. _____

Actividad 3: ¿Cómo será? Lee estas oraciones sobre cómo era tu vida en la escuela secundaria y predice cómo será la vida de los jóvenes dentro de veinte años.

➡ Tardábamos seis horas en viajar de Nueva York a París.

Tardarán dos horas en viajar de Nueva York a París.

1. Veíamos películas en video en casa y teníamos más o menos 50 canales de televisión.

_____

2. Mandábamos cartas por correo y tardaban más o menos dos días en llegar de una ciudad a otra.

_____

_____

3. Llevábamos pantalones muy grandes y zapatos de Doc Marten.

_____

4. Pagábamos en las tiendas con dinero o tarjetas de crédito.

_____

5. Usábamos llave para entrar en las casas.

_____

6. Nos hacíamos tatuajes.

_____

Actividad 4: La herencia genealógica.

Parte A: Piensa en tus parientes mayores y marca cuáles de estas características los describen.

☐ ser calvos

☐ ser gordos

☐ ser activos

☐ ser musculosos

☐ tener arrugas

☐ llevar gafas

☐ tener pelo canoso

☐ ser delgados

☐ ser sedentarios

☐ ser débiles

☐ no tener arrugas

☐ tener vista perfecta

Parte B: Ahora, predice cómo serás tú en el futuro.

_____

_____

_____

_____

_____

Actividad 5: Problemas actuales y futuros. Actualmente hay una serie de problemas
bastante graves en el mundo, pero lo que no sabemos es si estas situaciones mejorarán. Expresa
opiniones optimistas y pesimistas sobre las siguientes ideas.

→ la contaminación ambiental

Optimista: **No creo que haya contaminación ambiental en el futuro. En mi
opinión, usaremos carros que no emitan gases tóxicos.**

Pesimista: **Creo que siempre habrá contaminación ambiental.**

Problemas actuales:

1. haber violencia en las ciudades

2. haber muchos niños sin casa

3. la televisión tener un impacto negativo

4. existir un agujero en la capa de ozono

5. caer lluvia ácida

1. Optimista: _____

_____

Pesimista: _____

2. Optimista: _____

_____

Pesimista: _____

3. Optimista: _____

_____

Pesimista: _____

4. Optimista: _____

_____

Pesimista: _____

5. Optimista: _____

_____

Pesimista: _____

Actividad 6: ¿Qué harían? Lee las siguientes situaciones y escribe qué harían Carmen y Sara. Después escribe qué harías tú en estas circunstancias.

1. Sacas mala nota en un examen y piensas que el profesor se equivocó.

   Carmen: ir a ver al jefe de la facultad y quejarse

   _____

   Sara: aceptar la nota y no hacer nada

   _____

   Tú: _____

2. Encuentras en la calle una billetera que contiene dinero, tarjetas de crédito y fotos personales.

   Carmen: sacar el dinero y dejarla allí

   _____

   Sara: robar el dinero y llamar a la persona que la perdió para devolverle el resto del contenido

   _____

   Tú: _____

3. Tienes que cuidar al gato de un amigo y tienes un pequeño accidente: al sacar tu carro del garaje matas al gato.

   Carmen: comprar un gato casi igual y no decirle nada

   _____

   Sara: decir que otra persona lo mató

   _____

   Tú: _____

Actividad 7: Mala suerte. Un amigo estaba a punto de casarse, pero se dio cuenta de que estaba por cometer un error. En vez de hablar con su novia, no le dijo nada a nadie. No fue a la iglesia el día de la boda y dejó una nota diciendo que se había ido a Nepal. ¿Que harías tú si estuvieras a punto de casarte y tuvieras muchas dudas? Haz una lista de cinco acciones específicas.

1. _____
2. _____
3. _____
4. _____
5. _____

Actividad 8: Yo que tú. Un amigo te pide ayuda. Dile qué harías en su lugar. Empieza cada oración con **Yo que tú** + *condicional*.

1. Creo que mi jefa quiere tener relaciones amorosas conmigo.

_____
_____

2. Mi hijo quiere llevar un arete y hacerse un tatuaje.

_____
_____

3. Mi hija quiere vivir con su novio y no me cae bien ese chico.

_____
_____

4. Es posible que yo tenga una úlcera.

_____
_____

Actividad 9: Un poco de cortesía. Tu hermano menor es muy descortés. Cambia lo que dice por una forma más cortés. Usa el condicional y frases como **me podrías, querría que, me gustaría que.**

> **NOTE:** *If the independent clause contains the conditional, use the imperfect subjunctive in the dependent clause.*

Directo y a veces descortés	Cortés
1. Hazme un sándwich.	1. _____ _____
2. Quiero que me des 1.000 pesos.	2. _____ _____

3. Cambia el canal.   3. _____

_____

4. ¿Dónde está mi chaqueta?   4. _____

_____

Actividad 10: ¿Qué harán?

Parte A: Completa esta oración para decir qué hora es:

Ahora _____ _____ de la _____.
      es la / son las   (la hora)   mañana/tarde/noche

Parte B: Ahora, sin consultar un libro, escribe qué hora será en los siguientes lugares en este momento. Usa el futuro de probabilidad para especular sobre la hora.

1. España

Ahora _____ _____ de la _____.
     será la / serán las   (la hora)   mañana/tarde/noche

2. la India

Ahora _____ _____ de la _____.
     será la / serán las   (la hora)   mañana/tarde/noche

3. Australia

Ahora _____ _____ de la _____.
     será la / serán las   (la hora)   mañana/tarde/noche

4. Hawai

Ahora _____ _____ de la _____.
     será la / serán las   (la hora)   mañana/tarde/noche

Parte C: Ahora imagina y escribe qué hará la gente de esos lugares en ese momento. Usa el futuro de probabilidad para especular sobre el presente. Aquí hay unas posibilidades.

> *NOTE: The word* **gente** *is singular and takes a singular verb.*

bailar en una discoteca   despertarse   mirar televisión
comer   dormir   trabajar

1. En España la gente _____

2. En la India la gente _____

3. En Australia la gente _____

4. En Hawai la gente _____

Actividad 11: ¿Dónde y qué? Escribe dónde piensas que estarán y qué piensas que harán las siguientes personas en este momento. Usa el futuro de probabilidad para especular sobre el presente.

1. tu profesor/a de español _____

_____.

2. tu madre _____

_____.

3. tu mejor amigo _____

_____.

4. tu mejor amiga _____

_____.

Actividad 12: ¿Cómo sería?

Parte A: Marca cuáles de las siguientes frases describe mejor cómo sería tu profesor/a de español cuando estaba en la escuela secundaria.

☐ participar en actividades deportivas   ☐ actuar en obras de teatro
☐ hablar mucho en clase   ☐ hablar poco en clase
☐ tener muchos amigos   ☐ tener pocos amigos pero buenos
☐ salir poco por la noche   ☐ salir mucho por la noche
☐ hacer la tarea a tiempo   ☐ no hacer la tarea a tiempo

Parte B: Ahora, escribe un párrafo diciendo cómo sería tu profesor/a de español cuando estudiaba en la escuela secundaria. Usa el condicional para especular sobre el pasado.

_____

_____

_____

_____

_____

Actividad 13: Usa la lógica. Lee la siguiente historia y luego intenta deducir a qué hora hizo el adolescente las actividades que están en negrita. Usa frases como **sería/n la/s ... cuando ...**

Era pleno invierno y Peter **se despertó** justo cuando salía el sol y se levantó rápidamente para no llegar tarde a la escuela. En la escuela pasó un día como cualquier otro excepto que para el almuerzo **tuvo que comer** con un profesor por tirar papeles en clase. Por la tarde, asistió a clase y se portó como un ángel. Al **salir** de la escuela por la tarde, se fue a la casa de su amigo Joe. Al caer el sol, los muchachos fueron a una tienda a comprar unos discos compactos y volvieron a casa de Joe. A la hora de la cena, Peter **regresó** a casa y luego escuchó música en su cuarto hasta que su madre terminó de ver el noticiero vespertino (*night*) por televisión y le dijo que **apagara la luz.**

1. despertarse _____

_____

2. tener que comer _____

_____

3. salir _____

4. regresar _____

5. apagar la luz _____

_____

Actividad 14: Pros y contras. Reacciona a las siguientes oraciones de una manera positiva y de una manera negativa. Usa frases como **en mi opinión, (no) creo que, estoy seguro/a de que, es obvio que, (no) es verdad que.**

> **NOTE:** *Doubt = subjunctive; certainty = indicative.*

1. Los niños de edad preescolar pasan el día en la guardería.

Pro	Contra
_____	_____
_____	_____
_____	_____

2. Antes de casarse, los novios deben vivir juntos por lo menos un año.

Pro	Contra
_____	_____
_____	_____
_____	_____

3. Los padres deben entrometerse en la vida de sus hijos.

Pro	Contra
_____	_____
_____	_____
_____	_____

4.Las escuelas tienen el deber de inculcar valores a los niños.

Pro   **Contra**

_____   _____

_____   _____

_____   _____

5. Al criar a los niños, se les debe pegar cuando se portan mal.

Pro   **Contra**

_____   _____

_____   _____

_____   _____

Actividad 15: Diferencias. Explica las diferencias entre las siguientes palabras.

1. vivir juntos / casarse _____

_____

_____

2. ejercer autoridad / inculcar valores morales _____

_____

_____

3. el machismo / la igualdad de los sexos _____

_____

_____

_____

Actividad 16: Opinión. Contesta las siguientes preguntas para expresar tu opinión.

1. ¿Quién o qué instituciones deben asumir la responsabilidad de criar a los niños en una sociedad? _____

_____

_____

2. Actualmente, ¿cómo malcrían los padres a los hijos? _____

_____

_____

3. ¿Crees que exista una falta de comunicación entre las generaciones de hoy? Explica tu respuesta. _____

_____

_____

4. Los padres deben confiar en sus hijos. ¿Cómo pueden mostrarles los padres a los hijos que confían en ellos? _____

_____

_____

Actividad 17: ¿Qué dijo? Cristina y Pablo eran una pareja de novios muy felices … o por lo menos así parecía. Esta mañana Cristina le mandó este e-mail a Pablo al trabajo. Lee el mensaje y después completa la conversación entre Pablo y su mejor amigo Eduardo.

```
Pablo:
Lo siento mucho pero no puedo seguir contigo, por lo menos por ahora.
No soy buena pareja para ti. No sé quién soy. Sólo soy la novia de
Pablo y en el futuro seré la esposa de Pablo. Me gustaría estar sola
por un tiempo. Así podré conocerme a mí misma y tendré una identidad
propia separada de la tuya. Dentro de un año o dos, si tú quieres,
podremos estar juntos otra vez. No pido que me esperes sino que me
entiendas y que me des el tiempo que necesito.
C.
```

Pablo:	Estoy hecho polvo. Cristina me acaba de dejar.
Eduardo:	Pero hombre, ¿cómo puede ser?
Pablo:	Me mandó un e-mail.
Eduardo:	A veces detesto el e-mail. ¿Qué te dijo?
Pablo:	Dice que ella no _____ buena pareja para mí en este momento. (ser)
Eduardo:	¡Huy!
Pablo:	También dice que no _____ quién _____ ni quién _____ en el futuro. (saber, ser, ser)
Eduardo:	No entiendo. ¿Qué más dijo?
Pablo:	También dijo que le _____ estar sola un tiempo y así _____ conocerse a sí misma. (gustar, poder)
Eduardo:	Tienes un problema grave. Yo que tú le daría tiempo, pero no la abandonaría. Podrías llamarla, escribirle y quizás hasta verla—pero si ella quiere, ¿eh? La vida tiene muchas vueltas. Ánimos.
Pablo:	Bueno … te gustaría …

Actividad 18: Tus últimos ahorros. Este
verano quieres irte de vacaciones a Costa Rica,
pero para hacerlo necesitas usar tus últimos
ahorros. Haz una lista de tres pros y tres
contras de irte a Costa Rica.

> *NOTE: To discuss hypothetical future actions:*
>
> **si** + present indicative, { present tense
> ir **a** + infinitive
> future tense
> command

→ **Si voy a Costa Rica, visitaré un pueblo típico del interior.**

Pro

1. _____
  _____
  _____

2. _____
  _____
  _____

3. _____
  _____
  _____

Contra

1. _____
  _____
  _____

2. _____
  _____
  _____

3. _____
  _____
  _____

Actividad 19: La reacción de la familia.
Escribe cómo reaccionaría tu familia a las
siguientes situaciones.

> *NOTE: To hypothesize about the present, use:*
> **si** + imperfect subjunctive, conditional

1. Si yo dejara la universidad, _____
  _____.

2. Si me casara sin decirles nada, _____
  _____.

3. Si la policía me detuviera por consumir drogas, _____
  _____.

4. Si yo fuera a vivir al extranjero un año, _____
  _____.

5. Si sacara sólo notas sobresalientes este semestre, _____
  _____.

6. Si les regalara un perro, _____
  _____.

7. Si saliera una foto mía sin ropa en una revista,
  _____.

Actividad 20: ¿Qué serías? Contesta estas preguntas y justifica tus respuestas.

1. Si fueras un color, ¿qué color serías? _____

_____

¿Por qué? _____

_____

2. Si pudieras ser un animal, ¿qué animal te gustaría ser? _____

_____

¿Por qué? _____

_____

3. Si fueras un instrumento musical, ¿qué instrumento serías? _____

_____

¿Por qué? _____

_____

Actividad 21: Héroes.

Parte A: Escribe los nombres de cuatro personas (vivas) a quienes admiras mucho. Después explica por qué las admiras.

1. Nombre: _____

_____

2. Nombre: _____

_____

3. Nombre: _____

_____

4. Nombre: _____

_____

Parte B: Ahora, escribe qué harías si tú fueras las personas de la Parte A.

1. _____

_____

2. _____

_____

3. _____

_____

4. _____

_____

CAPÍTULO

11

Drogas y violencia

Actividad 1: El futuro.

Parte A: ¿Cuáles de las siguientes cosas habrán pasado antes del año 2050?

➙ el hombre colonizar la Luna

El hombre (no) habrá colonizado la Luna.

1. el hombre llegar a Marte (*Mars*)

_____

2. el dinero tal como lo conocemos hoy, dejar de existir

_____

3. todo el mundo comprar un teléfono celular

_____

4. nosotros instalar paneles de energía solar en todos los edificios y casas

_____

5. nosotros dejar de recibir cartas por correo

_____

Parte B: Haz dos predicciones más como las de la Parte A.

1. _____

_____

2. _____

Actividad 2: Tu futuro. Todos tenemos metas (*goals*) personales. ¿Qué cosas habrás hecho tú antes de los siguientes años?

1. Antes del año 2005, _____

_____.

2. Antes del año 2010, _____

_____.

3. Antes del año 2015, _____

_____.

4. Antes del año 2030, _____

_____.

Actividad 3: Problemas Los estudiantes siempre tienen muchas excusas. Da excusas para las siguientes personas.

→ Juan no entregó los resultados de un experimento.

Juan habría entregado los resultados del experimento, pero su perro se los comió.

1. Paco no fue a clase toda la semana pasada.

_____

_____

2. Margarita e Isabel no se presentaron para el examen.

_____

_____

3. Carlos no aprobó el examen.

_____

_____

4. Olga no entregó su trabajo escrito a tiempo.

_____

_____

5. Jorge había quedado con su profesora a las dos en su oficina, pero no fue.

_____

_____

Actividad 4: Los remordimientos. Completa los siguientes remordimientos de la madre de un chico que está en la cárcel por vender drogas.

> **NOTE:** *To hypothesize about the past, use* **si** + pluperfect subjunctive, *followed by the* conditional perfect.

→ Si / (yo) sacarlo de esa escuela / él no tener esos amigos

Si yo lo hubiera sacado de esa escuela, él no habría tenido esos amigos.

1. Si / (yo) pasar más tiempo con él / nosotros comunicarnos mejor

_____

_____

2. Si / (yo) escucharlo / (yo) saber cuáles eran sus problemas

_____

_____

3. Si / (yo) saber cuáles eran sus problemas / (yo) pedirle ayuda a un psicólogo

_____

_____

4. Si / (yo) pedirle ayuda a un psicólogo / no pasar todo eso

_____

_____

Actividad 5: Mis remordimientos. Escribe cuatro remordimientos que tienes.

→ **Si no hubiera tenido que trabajar durante los veranos, habría visitado otro país con un programa de intercambio.**

1. _____

_____

2. _____

_____

3. _____

_____

4. _____

_____

Actividad 6: Cambiando el pasado. Contesta estas preguntas sobre tu vida.

1. ¿Tienes hermanos o eres hijo/a único/a?

_____

Si tienes hermanos, ¿cómo habría sido tu vida si hubieras sido hijo/a único/a?

_____

_____

Si no tienes hermanos, ¿cómo habría sido tu vida si hubieras tenido hermanos?

_____

_____

2. ¿Te criaste en un pueblo o una ciudad? _____

Si te criaste en un pueblo, ¿cómo habría sido tu vida si hubieras crecido en una ciudad?

_____

_____

Si te criaste en una ciudad, ¿cómo habría sido tu vida si hubieras crecido en un pueblo?

_____

_____

3. ¿Cómo habría sido tu vida si no hubieras decidido asistir a la universidad? _____

_____

_____

4. ¿Cómo habría sido tu vida si hubieras tenido padres menos/más estrictos? _____

_____

_____

Actividad 7: Si hubiera ...   Completa estas oraciones para decir cómo habría sido diferente la vida de algunas personas famosas si no hubieran ocurrido ciertos acontecimientos. Usa los verbos indicados.

1. Si el gobierno estadounidense no _____ la entrada de

artistas cubanos a los Estados Unidos durante el régimen de Castro, Alicia Alonso

_____ en el Centro Lincoln. (prohibir, bailar)

2. Si Frida Kahlo no _____ un accidente tan horrendo, algunas

de sus pinturas no _____ imágenes tan trágicas. (sufrir, tener)

3. Si Rigoberta Menchú no _____ de Guatemala, quizás

_____. (escaparse, morirse)

Actividad 8: Figuras históricas.

Parte A: Escribe los nombres de cuatro personas muertas que han tenido influencia, tanto positiva como negativa, en la historia mundial. Después explica qué hicieron.

1. Nombre: _____

_____

_____

2. Nombre: _____

_____

_____

3. Nombre: _____

_____

_____

4. Nombre: _____

_____

_____

Parte B: Ahora, explica qué habrías hecho si tú hubieras sido las personas de la Parte A.

1. _____

_____

2. _____

_____

3. _____

_____

4. _____

_____

Actividad 9: Si no hubiera ...

Parte A: Escribe tres oraciones sobre personas famosas, vivas o muertas.

→ **Gwyneth Paltrow no habría ganado el Óscar si no hubiera actuado en** *Shakespeare apasionado.*

1. _____

_____

2. _____

_____

3. _____

_____

Parte B: Ahora, escribe dos oraciones sobre tu vida como las de la Parte A.

1. _____

_____

2. _____

_____

Actividad 10: Como si ...

Parte A: Construye oraciones para propaganda, usando una frase de la primera columna y una de la segunda.

→ En el Ford Tauro viajar / como si / ser un rey

En el Ford Tauro Ud. viajará como si fuera un rey.

con zapatos Nike / correr
Crest / dejarle los dientes
en el restaurante El Inca / cenar
en el Hotel Paz / dormir tranquilamente
con el curso Kaplan / aprobar su examen
en el Club Planeta / escuchar salsa
en los cines de IMAX / sentirse

ser perlas
estar en Perú
ser un bebé
como si   estar en el Caribe
tener alas
ser parte de la película
ser Einstein

1. _____

2. _____

3. _____

4. _____

5. _____

6. _____

7. _____

Parte B: Ahora, escribe anuncios parecidos para estos productos.

1. La salsa picante de Ortega

_____

_____

2. Aeroméxico

_____

_____

Actividad 11: ¡Qué molestos! Estás en un restaurante y todo te molesta. Forma oraciones para criticar lo que está pasando.

1. Mira esa señora. Come con la boca abierta como si _____

_____.

2. Ese señor le está gritando a su hijo como si _____

_____.

3. El camarero no nos atiende. Nos trata como si _____

_____.

4. Ese adolescente no deja de molestar. Se está portando como si _____

_____.

5. Esta sopa está fría y sosa. El chef cocina como si _____

_____.

Actividad 12: Los deseos.

Parte A: Muchos padres habrían querido que sus hijos hubieran hecho cosas diferentes en la vida. Marca las cosas que tus padres habrían querido que hubieras hecho tú.

☐ pasar más tiempo con la familia
☐ prestar más atención a los estudios
☐ vestirte de una forma más tradicional
☐ llevarte mejor con tus hermanos/as
☐ compartir sus creencias políticas
☐ mostrar más respeto hacia los adultos
☐ manejar su carro con más cuidado

☐ escoger otra universidad
☐ tener otros amigos
☐ tocar el piano
☐ tomar clases de ballet
☐ no ver tanta televisión
☐ no practicar deportes peligrosos
☐ ser más responsable

Parte B: Escribe oraciones con la información de la Parte A para decir qué habrían querido o preferido tus padres.

→ **Mis padres habrían querido/preferido que yo hubiera pasado más tiempo con la familia porque yo siempre salía con mis amigos.**

_____

_____

_____

_____

_____

_____

_____

Parte C: ¿Crees que si tuvieras hijos, les harías las mismas exigencias que te hicieron tus padres? Justifica tu respuesta.

_____

_____

_____

_____

_____

Actividad 13: La búsqueda. Después de un homicidio, la policía encontró pruebas (*clues*) con las cuales se averiguaron bastantes datos sobre la asesina. Escribe cómo era la persona que buscaban. Usa el imperfecto del subjuntivo o el pluscuamperfecto del subjuntivo en tus oraciones. ¡OJO! El homicidio ocurrió el cinco de marzo pasado.

> **NOTE:** *Use the* pluperfect subjunctive *to refer to a past action that preceded the one expressed in the independent clause. To refer to an action that occurred after the action in the independent clause, use the* imperfect subjunctive.

Buscaban una mujer ...

1. que / ser pelirroja con pecas

   _____

2. que / tener el tatuaje de una rosa en el brazo derecho

   _____

3. que / pasar dos noches en el hotel Gran Caribe el tres y el cuatro de marzo

   _____

4. que / romperse el brazo derecho al escaparse

   _____

5. que / alquilar un carro de Hertz, con la placa M34 456, el cuatro de marzo

   _____

6. que / salir de la ciudad el cinco de marzo

   _____

Actividad 14: El periódico. Lee las siguientes oraciones de artículos de periódicos e indica de qué se trata cada artículo.

un soborno	un secuestro	un suicidio	la cadena perpetua
la legalización	un asesinato	el terrorismo	el toque de queda
la adicción	las pandillas	los rateros	la libertad condicional

1. Ayer la policía detuvo a Jorge Vega por matar violentamente a Alicia Ferrer.

   _____

2. Los miembros del jurado decidieron unánimemente que Paulina Guzmán debería pasar el resto de su vida en la cárcel de Carabanchel sin posibilidades de salir.

   _____

3. El hombre llamó diciendo que quería 4.000.000 de pesos de rescate.

   _____

4. Hoy el vicepresidente tuvo que renunciar a su puesto al confesar que había recibido dos casas, una en la playa y otra en la montaña, por haberle dado un contrato a la compañía G.A.M.U.

   _____

5. Después de sólo seis meses de condena, Hernán Jacinto, el violador de menores, salió ayer de la cárcel, pero las autoridades aseguran que si se acerca a un niño lo detendrán enseguida.

_____

6. Hay personas que te pueden robar algo en la calle sin que te des cuenta.

_____

7. Ayer a las 7:00 de la tarde explotó un cochebomba delante del edificio de Bellas Artes.

_____

8. Ayer dos grupos de jóvenes, los Sangrientos y los Lobos, pelearon en el barrio de Polanco y dos resultaron muertos.

_____

9. La droga te llama, te seduce, te envuelve y por fin controla todos los aspectos de tu vida.

_____

Actividad 15: Las diferencias. Explica las diferencias entre las siguientes palabras.

1. castigo / condena _____

_____

_____

2. homicidio / suicidio _____

_____

_____

3. narcotraficante / drogadicto _____

_____

_____

4. pandillero / delincuente _____

_____

_____

5. ladrón / ratero _____

_____

_____

Actividad 16: Pros y contras. Escribe argumentos a favor y en contra de las siguientes ideas.

1. En el caso de asesinatos múltiples, es mejor la pena de muerte que la cadena perpetua para el asesino.

   Pro   **Contra**

   _____   _____

   _____   _____

   _____   _____

   _____   _____

2. No se debe tratar a un delincuente juvenil igual que a un adulto. Debe recibir una sentencia menos severa.

   Pro   **Contra**

   _____   _____

   _____   _____

   _____   _____

   _____   _____

3. Debemos implementar el toque de queda para los menores de edad para que los pandilleros no puedan estar en la calle.

   Pro   **Contra**

   _____   _____

   _____   _____

   _____   _____

   _____   _____

4. Los jóvenes deben llevar uniformes a la escuela para que los pandilleros no lleven sus colores o símbolos a la escuela.

   Pro   **Contra**

   _____   _____

   _____   _____

   _____   _____

   _____   _____

Actividad 17: El ladrón. Termina esta historia que cuenta una señora sobre lo que le pasó ayer. Usa expresiones como **se me/te/le quemó/quemaron** en tus respuestas.

caer

Ayer tuve mala suerte, pero también resultó un poco gracioso. Primero, mi hija y yo íbamos caminando hacia el coche, cuando saqué las llaves de la cartera y _____ por la alcantarilla (*sewer*) y, por eso, tuvimos que caminar a casa. En el camino, un delincuente le robó la cartera a mi hija y al huir se le cayó un zapato. Más tarde, al cerrar la puerta del carro

romper

_____ dos dedos porque su cómplice le cerró la puerta en la mano. Por el profundo dolor,

caer

_____ la cartera de la mano. Su cómplice lo llevó al médico y resultó que dos días antes

terminar

_____ el seguro médico por no pagar la prima. Tuvo mala suerte, pero se lo merecía.

Actividad 18: El amor no perdona. Simón e Isabel habían salido juntos por cuatro años y estaban comprometidos cuando Simón la vio con otro hombre. Se puso celosísimo. Ella estaba muy triste porque lo quería mucho. Termina estas descripciones de lo que hizo Simón y de lo que le pasó a Isabel después del encuentro desafortunado.

> **NOTE:** *Use constructions with the* unintentional **se** *for accidental occurrences only.*

Simón

Simón fue a su apartamento y _____ (destruir) todas las fotos de ella. _____ (quemar) la ropa que ella había dejado en su apartamento y _____ (tirar) a la basura todos sus perfumes y cosméticos. Después, fue a la joyería y _____ (devolver) el anillo de boda que le había comprado.

Isabel

Isabel fue a su casa y estaba muy triste. Primero, _____ (quemar) la cena y tuvo que ir a un restaurante. Después, mientras tomaba un café _____ (caer) la taza y _____ (romper) en mil pedazos. Decidió entonces ir a hablar con Simón para explicarle todo, pero _____ (acabar) la gasolina en medio de la carretera.

Actividad 19: La mala suerte. Describe cuándo fue la última vez que te ocurrieron las siguientes cosas.

→ descomponer algo

Se me descompuso el carro hace dos meses y me costó 550 dólares arreglarlo.

1. perder algo _____

_____

2. romper algo _____

_____

3. quemar algo _____

_____

4. olvidar algo_____

_____

Actividad 20: Delitos y castigo. Termina estas oraciones relacionadas con los delitos, usando **pero, sino** o **sino que.** Después marca si estás de acuerdo o no con la afirmación.

1. Para prevenir la delincuencia juvenil, es importante tener castigos severos, _____ es más importante ofrecerles a todos los jóvenes una buena educación para que no cometan actos criminales. Sí ☐ No ☐

2. La guerra contra el narcotráfico no empieza en los países productores _____ en los consumidores. Sí ☐ No ☐

3. A un asesino nunca lo deben dejar en libertad condicional, _____ debe pasar la vida entera en la cárcel. Sí ☐ No ☐

4. En una democracia se protegen los derechos de los delincuentes, _____ a veces se olvidan los de las víctimas. Sí ☐ No ☐

5. Una violación no es un delito de pasión _____ de violencia. Sí ☐ No ☐

6. Por no saber qué hacer con los delincuentes, no los mandan a la cárcel _____ los ponen en libertad condicional y les dicen que no vuelvan a cometer delitos. Sí ☐ No ☐

7. La mariguana tiene muchos usos medicinales, más que nada para los pacientes de quimioterapia, _____ de todos modos debe seguir siendo una droga ilegal. Sí ☐ No ☐

Actividad 21: Miniconversaciones.

Termina estas conversaciones con **adónde, aunque, como, cómo, donde** o **dónde** y la forma apropiada del verbo indicado.

1. — No entiendo al hijo de Carmela. Lo tenía todo: educación, dinero, padres que lo querían ...

   — Yo tampoco. Yo no habría atacado a esa anciana _____

   _____ estado muerto de hambre sin un dólar en el bolsillo. (haber)

2. — El terrorismo es un problema enorme.

   — Es verdad. Ellos ponen las bombas _____ _____. (querer)

3. — ¿_____ _____ el banco? (robar)

   — Lo hicieron exactamente _____ _____. (querer)

   — ¿Qué quiere decir con eso?

   — De noche y sin que nadie los viera.

4. — ¿Oíste que la hija del vecino salió con un chico que la violó?

   — Claro, hablamos con ella y _____ nos _____

   que no, todos sabemos que lo quería. Esa mujer se viste de una manera muy

   provocativa. (decir)

   — Pero, ¿qué dices? "No" significa "no" y punto. Y otra cosa, ella puede vestirse

   _____ _____ y no significa nada. (querer)

   — Bueno, dejémoslo ahí. ¿_____ _____ esta

   noche? (ir)

   — Con esa actitud, no voy contigo a ninguna parte.

5. — ¿_____ _____ mientras buscabas al

   criminal? (quedarse)

   — Me quedé en un hotel de mala muerte, era horrible ... con cucarachas y estaba encima

   de una discoteca. Se oía la música a toda hora.

   — ¿No había otros?

   — Intenté encontrar un hotel _____ _____

   dormir tranquilamente, pero no encontré ninguno. Todos estaban llenos. (poder)

Actividad 22: Combatiendo la ignorancia. Vas a escribir una redacción sobre las drogas ilegales. Tu redacción debe tener tres párrafos.

- **Párrafo 1:** Explica el papel de las drogas en la sociedad norteamericana.

- **Párrafo 2:** Explica qué tipo de educación te dieron tus padres y la escuela sobre las drogas ilegales.

- **Párrafo 3:** Habla de cómo habrían podido mejorar ellos tu educación sobre las drogas. Usa frases cómo **si me hubieran** + *participio pasivo*, **yo habría querido que ... Habría sido mejor si ...**

_____

_____

_____

_____

_____

_____

_____

_____

_____

_____

_____

_____

_____

_____

_____

_____

_____

CAPÍTULO

La comunidad latina en los Estados Unidos

Actividad 1: La inmigración. Completa, con las siguientes palabras, estas historias de cuatro inmigrantes que están en los Estados Unidos por diferentes razones.

asilo	coyote*	inmigrante/s	refugiado/a/os/as
asimilarse	frontera	legalmente	residencia
bilingüe/s	ilegal/es	migra*	residente/s
ciudadano/a/os/as	indocumentado/a/os/as	nostalgia	tarjeta
ciudadanía			

1. Mi entrada a los Estados Unidos fue bastante fácil. Había cursado mis estudios y tenía una especialidad en bioquímica. Una compañía norteamericana me contrató para hacer investigaciones. Soy _____, sencillamente porque vine de otro país para trabajar aquí. Como mis papeles están en orden, estoy aquí _____, pago impuestos y seguro social. Tengo _____ verde y soy _____, pero no quiero hacerme _____ estadounidense en el futuro. Me encantan los Estados Unidos, pero no es mi país. No soy _____ sino trilingüe ya que domino el inglés, el español y el alemán. También leo francés, italiano y portugués. Dentro de unos años pienso volver a mi país porque quiero que mis hijos conozcan a sus parientes y su cultura, y así pueden ser no sólo bilingües sino también biculturales.

2. No había trabajo en mi país y quería algo mejor para mi familia. Tengo amigos y parientes que ya habían salido del país en busca de empleo. Lo único que yo quería era trabajar y darles de comer a mis hijos. Por eso mi marido y yo le pagamos una gran cantidad de dinero a un _____ para que nos ayudara a cruzar la _____. Cuando llegamos no teníamos ni _____ verde ni otros papeles; éramos _____, pero nos resultó fácil conseguir trabajo: primero recogimos uvas, lechuga y tomates en diferentes lugares de California. Más tarde fuimos a Connecticut donde hicimos el mismo tipo de trabajo. Tememos que algún día los funcionarios de inmigración, o la _____ como los llamamos, nos encuentren y nos echen del país. Por ahora lo único que podemos hacer es trabajar duro para sobrevivir. Me gustaría volver a mi país porque no hablo inglés bien ni entiendo esta cultura. Tengo que depender de mis hijos, que son

_____

*Terms used by Hispanics in the USA.

_____, para que me traduzcan casi todo. Lo único es que mis hijos son cada día más americanos; les encantan este país y hasta a veces critican la cultura mexicana.

3. Vine a los Estados Unidos para estudiar y me enamoré del país y su gente. Terminé mis estudios universitarios y ahora llevo un año trabajando como asesora (*consultant*) en una compañía. Soy _____, pero el español es mi lengua natal, y cada día me siento más y más bicultural. Algún día, me gustaría ser _____ estadounidense, pero primero tengo que obtener la _____.

4. Soy _____ político. Huí de mi país una noche porque las fuerzas militares habían dicho que yo era subversivo y, por eso, temía que me asesinaran. Le solicité _____ político al gobierno estadounidense, pero no me lo concedió. Dijeron que yo había entrado en este país por razones económicas y no por amenazas contra mi vida. Después de tanto tiempo aquí, estoy _____ a la cultura americana con la ayuda de mis amigos y de la congregación de la iglesia que me ayudó a venir. Sin embargo, mi único deseo es poder volver a mi país algún día. Siento mucha _____ por mi país, mi cultura y mi familia.

Actividad 2: La polémica. Completa estas oraciones sobre la inmigración con infinitivos, gerundios o el presente del indicativo.

1. Tener parientes en los Estados Unidos _____ una gran ayuda para _____ la entrada legal de inmigrantes cubanos. (ser, facilitar)

2. Para _____ trabajo, es preciso _____ una tarjeta de seguro social. (conseguir, obtener)

3. _____ a una cultura nueva _____ tiempo. (Asimilarse, llevar)

4. Muchos agricultores continúan _____ a ilegales, lo cual ayuda a _____ bajos los precios de los productos agrícolas en los supermercados norteamericanos. (emplear, mantener)

5. Muchos hijos de trabajadores agrícolas también _____ en los campos. Por ser jóvenes, están especialmente predispuestos a _____ enfermedades como cáncer al _____ en contacto con plantas fumigadas con insecticidas. (trabajar, contraer, estar)

6. Los indocumentados _____ de discriminación, _____ por sueldos muy bajos y _____ los trabajos menos deseables del país. A muchos de ellos, sencillamente les gustaría _____ con dignidad y respeto. (sufrir, trabajar, hacer, vivir)

Actividad 3: Narrando en el pasado. Termina estas oraciones sobre la inmigración y la adaptación a la cultura norteamericana. ¡OJO! Algunos de los verbos pueden estar en el presente pero la mayoría de ellos están en el pasado del indicativo o subjuntivo. Los verbos están en orden.

sacar	1. Yo ya _____ mi título de médico en 1959 y
estar	_____ trabajando en un hospital como jefe de
subir	pediatría cuando _____ al poder Castro. No
poder	_____ vivir bajo ese régimen y
querer/vivir	_____ que mis hijos _____ en
conocer	una democracia para que _____ lo que era la
decidir	libertad. Por eso, _____ inmigrar a los Estados
trabajar	Unidos. Al principio, _____ durante unos meses
poder	haciendo camas en un hotel, pero ahora _____
ser	ejercer mi profesión y _____ pediatra en una
	clínica de Orlando.
llegar	2. Mis antepasados _____ al suroeste de este país
ser	hace más o menos 350 años. _____
casarse	conquistadores que _____ con las indígenas que
vivir	_____ en la zona. Mis bisabuelos
hablar	_____ español, pero mis abuelos sólo
entender/aprender	_____ el idioma. Yo lo _____
hablar	en la escuela y ahora lo _____ con acento.
trabajar	3. Durante los años setenta yo _____ en un
limpiar	hospital en Guatemala y _____ las habitaciones
pertenecer	de los pacientes. _____ a un sindicato de
estar	trabajadores que _____ luchando por obtener
	mejores condiciones de trabajo, mejores beneficios y sueldos
	más respetables. Una noche, mientras _____ en
dormir	casa, _____ unos soldados y
llegar	_____ a un compañero con quien vivía.
detener	_____ la última vez que lo
ser	_____. Es probable que lo
ver	_____. Dos días después, yo _____
matar/tomar	la difícil decisión de salir del país. _____ entrar
poder	a los Estados Unidos ilegalmente con la ayuda de una iglesia.

Actividad 4: Olas de inmigración.

Parte A: Casi todos los ciudadanos norteamericanos tienen antepasados inmigrantes. Cuenta cómo, cuándo y por qué vinieron tus antepasados a este país.

NOTE: *If you are a foreign student in the United States or a Native American, interview a friend about his or her family history and retell it here.*

_____

_____

_____

_____

_____

_____

Parte B: Muchos grupos de inmigrantes pasaron o están pasando por una época de discriminación. ¿Sufrieron tus antepasados algún tipo de discriminación al llegar? ¿Por qué sí o no?

_____

_____

_____

_____

_____

Actividad 5: Las contribuciones. Menciona cinco contribuciones que han hecho los inmigrantes a los Estados Unidos. Habla de las artes, la ciencia, la medicina, los deportes, etc.

1. _____

2. _____

3. _____

4. _____

5. _____

Actividad 6: La discriminación. Existen muchas clases de discriminación. Aquí hay una lista de algunas de ellas.

por aspecto físico: por peso, por ser poco
   atractivo, por ser bajo, por ser alto
por afiliación religiosa
por raza
por ser mujer

por impedimentos físicos: ser ciego, sordo,
   etc.
por edad
por orientación sexual
por ser hombre

¿Conoces a alguien que haya sufrido algún tipo de discriminación? Explica tu respuesta.

_____

_____

_____

_____

_____

_____

Actividad 7: La inmigración de hoy. Describe los problemas que existen hoy en día en cuanto a la inmigración. Escribe sobre los siguientes temas al describir las preocupaciones del público norteamericano.

bienestar social (*welfare*)   salud
viviendas   educación
delitos   trabajo

Muchas personas dicen que los inmigrantes les quitan los puestos de trabajo a los ciudadanos del país. _____

_____

_____

_____

_____

_____

_____

Actividad 8: Tu opinión.

Parte A: Marca si estás de acuerdo o no con estas oraciones.

1. Los bebés que nacen en los Estados Unidos de padres extranjeros no
   deben recibir ciudadanía estadounidense.   Sí ☐   No ☐

2. El problema de la inmigración ilegal se basa en la oferta y la demanda:
   los inmigrantes necesitan trabajo y los norteamericanos necesitan
   mano de obra barata.   Sí ☐   No ☐

3. Los inmigrantes no deben recibir servicios médicos a menos que
   tengan un problema grave de salud.   Sí ☐   No ☐

4. Los inmigrantes le dan más a la sociedad norteamericana de lo que
   reciben de ella.   Sí ☐   No ☐

5. Si el hijo de un inmigrante ilegal desea asistir a una escuela pública
   en los Estados Unidos, debe pagar la matrícula.   Sí ☐   No ☐

6. Sin el trabajo de los inmigrantes ilegales, los Estados Unidos sufrirían
   un colapso total de su economía.   Sí ☐   No ☐

Parte B: Según tus repuestas de la Parte A, escribe oraciones que empiecen con **(No) Es verdad que, (No) Creo que,** etc., para dar tu opinión. Justifica cada respuesta.

→   **(No) Creo que los bebés ... porque ...**

1. _____
_____
_____

2. _____
_____
_____

3. _____
_____
_____

4. _____
_____
_____

5. _____
_____
_____

6. _____
_____
_____

Actividad 9: La nostalgia. Normalmente, una persona que está en otro país siente nostalgia. Si fueras a estudiar a otro país por un año, ¿qué aspectos de la cultura norteamericana extrañarías y por qué?

_____
_____
_____
_____
_____
_____

Actividad 10: Latinos en los Estados Unidos.

Parte A: Antes de leer la información acerca de tres grupos de inmigrantes a los Estados Unidos, asocia estos años con los acontecimientos de la segunda columna.

1. _____ 1848   a. Los puertorriqueños recibieron la ciudadanía estadounidense.

2. _____ 1898   b. Fidel Castro formó un gobierno comunista en Cuba y por eso empezaron a salir del país muchos de la élite de la sociedad.

3. _____ 1917   c. México perdió el suroeste de los EE.UU. después de perder una guerra.

4. _____ 1945   d. Empezó una ola de inmigración desde el puerto cubano de Mariel, y vinieron delincuentes y gente con problemas mentales.

5. _____ 1959   e. Los EE.UU. necesitaban gente para trabajar en sus fábricas, y así empezó una inmigración puertorriqueña en masa.

6. _____ 1980   f. España perdió sus últimos territorios en el hemisferio occidental en una guerra contra los EE.UU.

Parte B: Completa este resumen de la inmigración y la presencia de tres grupos hispanos en los Estados Unidos con la forma apropiada del verbo indicado. Al leer, confirma si tus respuestas de la Parte A eran correctas o no según la información que contiene la lectura.

Los mexicanos y los méxicoamericanos

perder
firmar
componerse

pasar
vivir
ser
convertirse
llegar
poblar/empezar

necesitar
llegar
trabajar

ser

En 1848, México _____ una guerra contra los Estados Unidos y al _____ el Tratado de Guadalupe Hidalgo, el territorio que hoy _____ de Texas, Nuevo México, Arizona, California, Nevada, Utah y parte de Colorado _____ a formar parte de los Estados Unidos. La gente que _____ en esa zona _____ descendiente de hispanos y después de 1848 casi todos _____ en ciudadanos estadounidenses. Al _____ más y más personas para _____ el suroeste del país, _____ a formarse una industria agrícola fuerte, más que nada en California. Esta nueva industria _____ mano de obra y a principios del siglo XX, comenzaron a _____ inmigrantes mexicanos para _____ en los campos y en otras áreas de la nueva economía. Esta inmigración para el sector agrícola _____ constante durante el siglo

haber	XX particularmente cuando _____ una mayor necesidad de mano de obra agrícola durante la Segunda Guerra Mundial.
empezar	A partir de los años sesenta, un gran número de méxicoamericanos _____ a migrar del campo a las ciudades en busca de otras oportunidades de trabajo y educación.

Los cubanos y los cubanoamericanos

haber	Aunque siempre _____ inmigración cubana a
empezar	los Estados Unidos, el gran éxodo _____ en 1959
subir	cuando Fidel Castro _____ al poder en Cuba.
venir	Entre 1959 y 1970, muchos _____ a los Estados
querer	Unidos porque _____ escaparse del régimen
establecerse	comunista de Castro y _____ principalmente en
	Nueva York y Miami. A diferencia de otras olas de inmigrantes de todas
pertenecer	partes del mundo, la gran mayoría de los cubanos _____
	a la clase media o alta, lo cual significa que antes de salir de Cuba
trabajar	_____ como profesionales y no como obreros
ayudar	sin educación. Estos conocimientos pronto les _____
	a convertirse en miembros productivos de la sociedad norteamericana.
permitir	En 1980, Castro le _____ la salida a otra clase
abrir	de inmigrante cubano. Él _____ las cárceles y
facilitar	_____ la salida, desde el puerto de Mariel, de
padecer	delincuentes y gente que _____ de enfermedades
	mentales. Obviamente, la llegada de estos inmigrantes a los EE.UU.
causar	_____ grandes problemas en la comunidad cubana
intentar	establecida que algunos _____ ayudar a estos
	nuevos inmigrantes, los llamados marielitos. En 1994, Castro otra vez
volver	_____ a hacer lo mismo cuando
dejar	_____ salir a un grupo de cubanos que no
querer/seguir	_____ que Cuba _____ bajo el
permitir	régimen comunista. El gobierno cubano les _____
construir	que _____ balsas, y por esa razón los llamaron
causar	«balseros». La llegada masiva de cubanos le _____
	problemas al Presidente Clinton, al igual que la llegada de los
causar	marielitos le _____ problemas a Carter varios años
	antes.

poder	Desde 1959 hasta el presente, los cubanos _____
ser	cambiar el carácter de Miami que ahora _____ uno
	de los centros financieros más importantes del continente americano.
esperar	Muchos cubanos _____ ansiosamente que Castro
abandonar/poder	_____ su puesto para _____ volver a
vivir	Cuba, algunos para _____ allí y otros sólo para
visitar	_____ a sus parientes y su tierra natal. Pero, sus
nacer	hijos _____ en los Estados Unidos y algunos
hablar	_____ el inglés mejor que el español. Muchos
casarse	_____ con anglosajones. Sin embargo, pase lo que
haber	pase, siempre _____ una gran unión entre los
	cubanoamericanos y su isla.

Los puertorriqueños

diferenciarse	La llamada "inmigración puertorriqueña" _____
	de otras olas de inmigración porque los puertorriqueños ya
ser	_____ ciudadanos norteamericanos al
llegar	_____ a los Estados Unidos.
perder	En 1898, España _____ la guerra contra los
convertirse	Estados Unidos. Como consecuencia, Puerto Rico _____
	en territorio estadounidense, y en 1917 los puertorriqueños
recibir	_____ la ciudadanía. A mediados del siglo XX, las
necesitar	industrias norteamericanas _____ mano de obra
haber	mientras que en la isla _____ mucho desempleo.
provocar	Esto _____ una migración en masa, principalmente
continuar	hacia Nueva York y otras ciudades industriales, la cual
	_____ hasta hoy.

Parte C: Contesta estas preguntas basadas en la información de la Parte B.

1. Si hubieras sido inmigrante mexicano/a en el siglo XX, ¿qué tipo de trabajo habrías tenido

   al llegar a los Estados Unidos? _____

   _____

   _____

FUENTES WORKBOOK / Capítulo 12 **177**

2. Si hubieras sido inmigrante cubano/a en 1961, ¿por qué habrías salido de tu país?

_____

_____

¿Cómo habría sido tu nivel de vida en Cuba y cómo habría sido al llegar a los Estados Unidos?

_____

_____

3. Si hubieras sido puertorriqueño/a en 1945, ¿cuáles son dos factores que te habrían motivado a venir a los Estados Unidos? _____

_____

_____

_____

Actividad 11: ¿Podría ocurrir? Contesta estas preguntas.

1. Si tuvieras que inmigrar a otro país, ¿a cuál irías y por qué lo escogerías?

_____

_____

_____

2. Nadie quiere dejar su país y a sus parientes pero, ¿bajo qué circunstancias dejarías los Estados Unidos (u otro país, si no eres ciudadano/a de los EE.UU.) para emigrar a otro país?

_____

_____

_____

_____

Actividad 12: Tu futuro.

Parte A: Marca las frases que puedan formar parte de tu futuro tanto personal como profesional.

☐ poder graduarte de la universidad si apruebas este curso de español

☐ hacer un viaje a un país de habla española

☐ trabajar en una empresa internacional

☐ hacer investigaciones en español para tus estudios de posgrado

☐ tener clientes que hablen español

☐ matricularte en otro curso de español

☐ participar en un programa para estudiar en un país hispano

☐ solicitar un trabajo en un país de habla española

☐ incluir en tu curriculum que has estudiado español

☐ vivir cerca de gente que hable español

☐ empezar a estudiar otro idioma

☐ leer revistas o periódicos en español

☐ usar el español para hablar con parientes que no hablen inglés

☐ leer literatura en español

☐ ver películas en español

Parte B: Según lo que acabas de marcar en la Parte A, escribe una redacción corta sobre cómo usarás el español en tu futuro.

☐ hacer trabajo voluntario en un país de habla española

☐ escuchar música de artistas hispanos

☐ decirles a tus hijos que estudien español en el futuro

NOTE: *To talk about the future, you can use* **ir a** + infinitive, the future tense, or the present subjunctive (**es posible que yo haga un viaje**).

_____

_____

_____

_____

_____

_____

_____

_____

_____

_____

Lab
Manual

CAPÍTULO PRELIMINAR

La vida universitaria

PRONUNCIACIÓN

Vowel Sounds

In Spanish there are five basic vowel sounds: **a, e, i, o, u.** In contrast, English has long and short vowels, for example, the long *i* in *site* and the short *i* in *sit*. In addition, English has the schwa sound, *uh*, which is used to pronounce many unstressed vowels. For example, the *o* in the word *police* and the *a* in *woman* are unstressed and are pronounced *uh*. Listen: *police, woman*. In Spanish, there is no corresponding schwa sound because vowels are usually pronounced in the same way whether they are stressed or not. Listen: **policía, mujer.**

Actividad 1: Escucha y repite. Escucha el contraste de los sonidos vocales del inglés y del español y repite las palabras en español.

1. anatomy   **anatomía**
2. calculus   **cálculo**
3. history   **historia**
4. theater   **teatro**
5. accounting   **contabilidad**
6. music   **música**

Actividad 2: Repite las oraciones. Escucha y repite las siguientes oraciones. Presta atención a la pronunciación de las vocales.

1. ¡No me digas!
2. ¿Y cómo te va en la facultad?
3. ¿No te gusta la medicina?
4. Curso materias que no me interesan.
5. Yo no quiero vivir en un pueblo.
6. No vuelvo a cambiar de carrera.

COMPRENSIÓN ORAL

Actividad 3: Completa la conversación. Vas a escuchar cinco preguntas. Para cada pregunta, elige una respuesta lógica de la lista. Escribe el número de la pregunta al lado de cada respuesta.

a. _____ 24 años.　　　　c. _____ En segundo.　　　　e. _____ De Texas.

b. _____ Igarzábal.　　　　d. _____ María.　　　　f. _____ Sociología.

Estrategia de comprensión oral: *Scanning*

In every chapter, you will be introduced to a strategy to help you improve your listening comprehension. Scanning involves listening for specific details without worrying about superfluous information. For example, when you're listening to football scores, you may disregard all the information you hear except the score of your favorite team.

Actividad 4: Las materias académicas.

Parte A: Escucha a cuatro estudiantes universitarios mientras cada uno describe una materia académica. Asígnale el número apropiado, del 1 al 4, a la materia que describe cada uno. No necesitas comprender todas las palabras para hacer esta actividad.

a. _____ historia　　　　d. _____ contabilidad　　　　g. _____ música

b. _____ economía　　　　e. _____ computación　　　　h. _____ mercadeo

c. _____ matemáticas　　　　f. _____ biología　　　　i. _____ literatura

Parte B: Escucha a los estudiantes otra vez e indica qué piensa cada uno sobre la materia que describe.

1. _____　　　　a. No le gusta.

2. _____　　　　b. Le encanta.

3. _____　　　　c. Le importa.

4. _____　　　　d. No le importa.

　　　　　　　　　　e. Le gusta.

　　　　　　　　　　f. Le interesa.

Estrategia de comprensión oral: *Activating Background Knowledge*

Thinking about what you know about a topic before listening helps you know what kinds of information and vocabulary are likely to be mentioned by the speaker or speakers. In this Lab Program, every now and then you will be asked to stop the tape or CD and make some predictions. The purpose of these activities is to help you focus on the topic at hand and improve your comprehension.

Actividad 5: Cualidades importantes.

Parte A: Tres personas van a hablar sobre las cualidades importantes en **una jefa, un juez** y **un político.** Antes de escucharlas, para la cinta o el CD, mira la lista de cualidades en tu manual de laboratorio y escribe tres cualidades importantes para cada persona.

activo/a	encantador/a	intelectual	sabio/a
brillante	estricto/a	justo/a	sensato/a
capaz	honrado/a	liberal	sensible
creído/a	ingenioso/a	rígido/a	tranquilo/a

1. jefa   2. juez   3. político

_____   _____   _____

_____   _____   _____

_____   _____   _____

Parte B: Ahora escucha a las tres personas y escribe los tres adjetivos que usa cada una. No necesitas comprender todas las palabras para hacer la actividad.

1. jefa   2. juez   3. político

_____   _____   _____

_____   _____   _____

_____   _____   _____

Actividad 6: Charla en un bar.
Jorge y Viviana son dos jóvenes que estudian para ser profesores de literatura. Ahora están en un bar hablando de las materias que él está cursando. Escucha la conversación y completa el horario de clases de Jorge. No te preocupes por entender todas las palabras.

Hora	lunes	martes	miércoles	jueves	viernes
8:15–9:15					
		historia de las civilizaciones modernas		historia de las civilizaciones modernas	
10:45–11:45		metodología de la enseñanza		metodología de la enseñanza	

Actividad 7: Cambio de carrera. Mariel y Tomás están en un país hispano hablando del cambio de carrera universitaria que ella quiere hacer. Escucha la conversación y completa la información sobre Mariel. Vas a notar que esta conversación es más rápida que las otras que escuchaste en este capítulo. No te preocupes, no necesitas entender todas las palabras para hacer esta actividad, pero puedes escuchar la conversación todas las veces que necesites.

1. Ahora Mariel estudia _____.

2. Quiere estudiar _____.

3. Muchas de las materias en las dos carreras son _____, pero

   si Mariel cambia de carrera tiene que _____ otra vez.

4. Para ella, el estudio de las materias en los EE.UU. es _____,
   pero en su país es más profundo.

Éste es el final del programa de laboratorio para el Capítulo preliminar. Ahora vas a escuchar la conversación que escuchaste en clase, **"La facultad"**. Mientras escuchas, puedes mirar el guión (*script*) de la conversación que está en el apéndice del manual.

CAPÍTULO

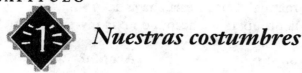

Nuestras costumbres

PRONUNCIACIÓN

Linking

In normal conversation, you link words as you speak to provide a smooth transition from one word to the next. In Spanish, when the last letter of a word is the same as the first letter of the following word, the last and first letters are pronounced almost as one letter, for example, **las_sobrinas, la_abuela.** Remember that the *h* is silent in Spanish, so the link occurs as follows: **mi_hija.** In addition, a word ending in a consonant usually can be linked to the next word if the latter begins with a vowel, for example, **los_abuelos, el_esposo.** It is also very common to link final vowels with beginning vowels, as in **mi_abuela.**

Actividad 1: Escucha y repite. Escucha y repite las siguientes oraciones, prestando atención de unir las palabras.

1. ¿Cuántos_años tiene?

2. Tengo_ochenta_años.

3. ¿Cuál_es_su nombre?

4. Se llama_Alicia.

5. ¿De dónde_es?

6. De_Uruguay.

Actividad 2: Escucha y repite. Escucha y repite un comentario sobre la vida universitaria en los Estados Unidos. Presta atención de unir las palabras.

Ya vas_a_aprender cuando_estés_allí. Vas_a ver que_en la_universidad no sólo_asistes_a clase; también participas_en_otras_actividades como jugar_al fútbol, cantar_en_el coro.

COMPRENSIÓN ORAL

Actividad 3: Invitaciones. Antes de escuchar cuatro miniconversaciones, para la cinta o el CD y lee la lista de actividades que aparecen en el manual. Luego escucha cada miniconversación y numera qué invitación es, y si la otra persona acepta o no la invitación.

	Invitación No.	**¿Acepta?**
a. esquiar	_____	Sí ☐ No ☐
b. ir a una fiesta	_____	Sí ☐ No ☐
c. comer afuera	_____	Sí ☐ No ☐
d. visitar a la abuela	_____	Sí ☐ No ☐
e. alquilar un video	_____	Sí ☐ No ☐
f. ir al cine	_____	Sí ☐ No ☐
g. ir de vacaciones	_____	Sí ☐ No ☐
h. tomar un café	_____	Sí ☐ No ☐

Actividad 4: El crucigrama. Escucha las pistas (*clues*) y completa el crucigrama con vocabulario de la familia y las ocupaciones.

Actividad 5: Descripción de delincuentes.
Anoche un hombre y una mujer asaltaron (*held up*) un supermercado. Escucha a una mujer policía mientras describe a los delincuentes y completa la cara de cada uno.

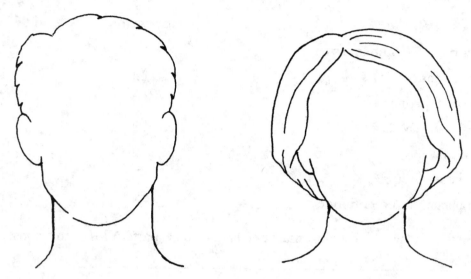

Actividad 6: El problema con el profesor.

Parte A: Eva, una estudiante, tiene varias quejas (*complaints*) de su profesor de inglés y por eso llama al programa "Los consejos (*advice*) de Consuelo" para pedir ayuda. Antes de escuchar la conversación, para la cinta o el CD y marca bajo la columna "Tú opinión" cuatro quejas que puede tener esta estudiante de su profesor de inglés.

Quejas de la estudiante:	Tú opinión	Eva
1. da malas notas siempre	☐	☐
2. da mucha tarea	☐	☐
3. enseña clases aburridas	☐	☐
4. escoge siempre a los estudiantes más rápidos	☐	☐
5. falta a clase	☐	☐
6. habla mucho	☐	☐
7. habla rápidamente	☐	☐
8. no escucha a los estudiantes	☐	☐

Parte B: Ahora escucha y marca en la lista de la parte A las cuatro quejas que tiene Eva de su profesor. Concéntrate solamente en entender las quejas. Luego compáralas con tus predicciones.

Actividad 7: Consejos a la estudiante preocupada.

Parte A: Ahora en el programa "Los consejos de Consuelo", Consuelo le da consejos a Eva, la estudiante. Antes de escucharlos, para la cinta o el CD y marca tus cuatro mejores consejos para esta estudiante.

	Tus consejos	Los consejos de Consuelo
1. hablar con otros compañeros	☐	☐
2. levantar la mano en clase	☐	☐
3. hablar con el profesor	☐	☐
4. participar más en clase	☐	☐
5. no ser tímida	☐	☐
6. ver televisión en inglés	☐	☐
7. preguntar cuando no entiende	☐	☐

Parte B: Ahora escucha a Consuelo y marca en la tabla de la parte A los cuatro consejos que da ella.

Estrategia de comprensión oral: *Skimming*

When you skim, you just listen to get the main idea. You are not worried about the details.

Actividad 8: ¿Hispano o latino?

Adriana y Jorge son turistas en Perú y hablan de diferentes palabras que se usan para referirse a los hispanos. Escucha la conversación para averiguar cómo usan ellos diferentes términos. Vas a notar que esta conversación es más rápida que las otras que escuchaste en este capítulo. No te preocupes, no necesitas entender todas las palabras para hacer esta actividad, pero puedes escuchar la conversación todas las veces que necesites.

1. Una persona latina es de _____. (países)

2. Un persona hispana es de _____. (países)

3. Adriana se considera (*considers herself*) _____.

Éste es el final del programa de laboratorio para el Capítulo 1. Ahora vas a escuchar la conversación que escuchaste en clase, **"Una cuestión de identidad".** Mientras escuchas, puedes mirar el guión de la conversación que está en el apéndice del manual.

CAPÍTULO

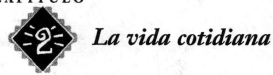 *La vida cotidiana*

PRONUNCIACIÓN

Diphthongs

In Spanish, vowels are classified as weak (**i, u**) or strong (**a, e, o**). A diphthong is a combination of two weak vowels or a strong and a weak vowel. When two weak vowels are combined, the second one takes a slightly greater stress, as in the word **cuidado**. When a strong and a weak vowel are combined in the same syllable, the strong vowel takes a slightly greater stress, for example, **bailar, puedo**. Sometimes the weak vowel in a weak-strong or strong-weak combination takes a written accent, and the diphthong disappears, as in **día, Raúl**.

Actividad 1: Escucha y repite. Escucha y repite las siguientes oraciones.

1. Está lloviendo.
2. Está conduciendo.
3. Está cuidando a la niña.
4. Se está afeitando.
5. Están bailando.
6. Se está peinando.
7. Están esquiando.

Actividad 2: Escucha y repite. Escucha y repite las siguientes oraciones de la conversación entre Laura y un amigo.

1. Bien. Muy bien. Quiero ir a comprarme unos zapatos.
2. Te dejé un mensaje en el contestador automático.
3. Ay, odio esos inventos ... porque nunca funcionan.
4. A las nueve. ¿Vienes?
5. Tienes que ir.

Actividad 3: ¿Hay diptongo? Escucha las palabras y marca la combinación correcta de letras y acentos.

	Hay diptongo	No hay diptongo
1.	ia	ía
2.	ue	úe
3.	io	ío
4.	au	aú
5.	io	ío
6.	ie	íe

COMPRENSIÓN ORAL

Actividad 4: La ropa. Escucha unas descripciones de prendas de vestir (*clothing*) y escribe el nombre de la prenda en el dibujo.

Actividad 5: La hora en el mundo. Escucha qué hora es en diferentes partes del mundo y escribe una oración para decir lo que crees que está haciendo la gente en ese momento. Por ejemplo, tú escuchas: "En Buenos Aires son las doce de la noche, por eso mucha gente ..."

(Escribes) *está durmiendo*

1. _____

2. _____

3. _____

4. _____

5. _____

Actividad 6: ¿Vida saludable? Dos personas van a llamar a un programa de radio para contar si tienen una vida saludable o no. Para la cinta o el CD y lee la lista que se presenta. Luego escucha y marca únicamente las cosas que hacen estas personas. No necesitas comprender todas las palabras.

	Llamada No. 1	Llamada No. 2
1. dormirse con la luz encendida	☐	☐
2. pasar noches en vela	☐	☐
3. comer frutas y verduras	☐	☐
4. salir por la noche con mucha frecuencia	☐	☐
5. fumar	☐	☐
6. dormir entre 7 y 9 horas	☐	☐
7. beber alcohol	☐	☐

Actividad 7: Un anuncio informativo.

Parte A: Vas a escuchar un anuncio sobre el estrés. Antes de escucharlo, para la cinta o el CD y marca las tres situaciones que causan más estrés, los tres síntomas de estrés más importantes y las tres formas de combatirlo (*combat it*) mejor.

Situaciones que causan estrés	Tú	Locutor
1. descomponerse el coche	☐	☐
2. morir un pariente	☐	☐
3. perder un trabajo	☐	☐
4. romper una relación amorosa con alguien	☐	☐
5. salir mal en un examen	☐	☐

Síntomas	Tú	Locutor
1. no interesarse por nada	☐	☐
2. no poder dormir bien	☐	☐
3. olvidarse de ciertas cosas	☐	☐
4. sentir dolor de estómago	☐	☐
5. sufrir de dolores de cabeza	☐	☐

Soluciones	Tú	Locutor
1. hablar con un/a amigo/a	☐	☐
2. hacer ejercicio	☐	☐
3. meditar	☐	☐
4. poner música suave	☐	☐
5. tomar un baño caliente	☐	☐

Parte B: Ahora escucha el anuncio de radio y marca las situaciones que causan estrés, los síntomas y las soluciones que sugiere el locutor.

Actividad 8: Problemas de convivencia.

Parte A: Patricia y Raúl son dos hermanos jóvenes que comparten un apartamento y tienen problemas de convivencia (*living together*). Por eso Patricia llama al programa de radio "Los consejos de Consuelo". Antes de escuchar, para la cinta o el CD y mira la lista en el manual de laboratorio para pensar en las cosas que más te molestan de un compañero o una compañera de apartamento.

	Hábitos de Raúl	Hábitos de Patricia
1. no lavar los platos después de comer	☐	☐
2. bañarse y no limpiar la bañera	☐	☐
3. levantarse temprano y hacer mucho ruido	☐	☐
4. cepillarse los dientes y no poner la tapa en la pasta de dientes	☐	☐
5. dejar cosas por todas partes	☐	☐
6. afeitarse y no limpiar el lavabo	☐	☐
7. poner música a todo volumen	☐	☐

Parte B: Ahora escucha a Patricia mientras le cuenta su problema a Consuelo. Mientras escuchas, marca en el manual los malos hábitos de su hermano Raúl.

Parte C: Raúl está en su coche escuchando la radio y oye a su hermana hablando con Consuelo. Decide entonces llamar al programa. Escucha la conversación y marca en el manual los malos hábitos de Patricia. Recuerda: No necesitas comprender todas las palabras.

Actividad 9: Las vacaciones. Teresa quiere ir de vacaciones a México y le pide información a su amigo Martín, que conoce bien México. Para la cinta o el CD y lee la lista que se presenta. Luego escucha la conversación y marca las cosas que dice Martín sobre Cabo San Lucas y Huatulco. ¡Ojo! Algunos de los puntos que aparecen en la lista no se discuten en la conversación.

	Cabo San Lucas	**Huatulco**
1. Hay más gente joven.	☐	☐
2. Hace más calor.	☐	☐
3. Hace más frío.	☐	☐
4. Las playas son más grandes.	☐	☐
5. Es más bonito.	☐	☐
6. Es más divertido.	☐	☐
7. Es más barato.	☐	☐
8. Es más tranquilo.	☐	☐

Estrategia de comprensión oral: *Guessing Meaning from Context*

When listening, you will often come across words that are unfamiliar to you. In many cases these may be cognates, which are easily understood. In other cases, however, you will need to pay close attention to the context to guess the meaning of unfamiliar words.

Actividad 10: El cigarrillo.

Parte A: Dos amigos están en Uruguay y comparan la prohibición del cigarrillo en los Estados Unidos y en Uruguay. Escucha la conversación y averigua quién fuma, él o ella.

¿Quién fuma? _____

Parte B: Ahora escucha la conversación otra vez y completa la siguiente información.

1. En los Estados Unidos no se puede fumar en _____.

2. En Uruguay se puede fumar en _____.

3. El cigarrillo produce tanto humo (*smoke*) como _____.

Éste es el final del programa de laboratorio para el Capítulo 2. Ahora vas a escuchar la conversación que escuchaste en clase, **"La invitación para esta noche"**. Mientras escuchas, puedes mirar el guión de la conversación que está en el apéndice del manual.

CAPÍTULO

Los conquistadores españoles

PRONUNCIACIÓN

The Consonant *d*

The consonant **d** is pronounced in two different ways in Spanish. When **d** appears in initial position or after **n** or **l**, it is pronounced softer than the *d* in the word *dog*, for example, **descubrir**. When **d** appears between two vowels, after a consonant other than **n** or **l**, or at the end of a word, it is pronounced somewhat like *th* in the English word *that*, for example, **creadora**. Note that if a word ends in a vowel and the next word starts with a **d**, the pronunciation is like a *th* due to linking rules. For example, in the following phrase, the **d** is as in *dog*: **el doctor**. But in the next phrase, the **d** is pronounced as in *that*: **la_doctora**.

Actividad 1: Escucha y repite. Escucha y repite las siguientes palabras, prestando atención a la pronunciación de la **d**.

1. fun**d**ó
2. **d**escubri**d**ora
3. la **d**ominación
4. vence**d**or
5. el **d**escubrimiento
6. la fun**d**adora

Actividad 2: Escucha y repite. Escucha y repite partes de un anuncio comercial. Presta atención a la pronunciación de la **d**.

1. To**d**os sabemos algo **d**e la historia **d**e España.

2. En menos **d**e **d**iez años los moros **d**ominaron casi to**d**a la península.

3. En 1492 los Reyes Católicos Fernan**d**o e Isabel expulsaron a los moros **d**e España.

4. España empezó la exploración y colonización **d**e América.

COMPRENSIÓN ORAL

Actividad 3: La historia de España. Vas a escuchar oraciones sobre la historia de España y la colonización de América. Marca en el manual si la oración indica:

a. el comienzo de una acción

b. el fin de una acción

c. una acción completa

d. el período de una acción

1. _____
2. _____
3. _____
4. _____
5. _____
6. _____

Actividad 4: ¿Qué ocurrió primero? Vas a escuchar cuatro conversaciones cortas. Para cada una indica, con el número 1, qué acción ocurrió primero y, con el número 2, cuál ocurrió después.

A. _____ dejar el trabajo   _____ copiar la lista de nombres

B. _____ irse de la compañía   _____ romperse el pie derecho

C. _____ ir a Australia   _____ tomar clases de inglés

D. _____ alquilar un auto   _____ sacar la licencia de manejar

Actividad 5: Una queja. Una profesora de literatura encontró ciertos errores en un libro sobre Cervantes, el autor de *Don Quijote*, y decidió llamar a la editorial (*publishing company*) que publicó el libro. Escucha la conversación telefónica y corrige sólo los datos que son incorrectos.

Cervantes: Vida y obra

1. Nació en Alcalá de Henares, España, en 1546.

   _____

2. En 1575, cuatro años después de la Batalla de Lepanto, los turcos lo pusieron en la cárcel.

   _____

3. Los turcos le cortaron la mano izquierda.

   _____

4. Mientras estaba en una cárcel de Argel se dedicó a escribir.

   _____

Actividad 6: Una noticia.

Parte A: Vas a escuchar una noticia por radio. Antes de escucharla, para la cinta o el CD, mira las acciones en el manual e intenta numerarlas en orden lógico del 1 al 8 en la columna que dice "Tú".

	Tú	Locutor
a. El hombre ató (*tied up*) a una mujer.	_____	_____
b. El hombre comenzó a cantar.	_____	_____
c. El hombre entró en una casa.	_____	_____
d. El hombre fue a una biblioteca.	_____	_____
e. El hombre olvidó la canción.	_____	_____
f. El hombre terminó en la cárcel.	_____	_____
g. La mujer se liberó y llamó a la policía.	_____	_____
h. La policía lo encontró en la biblioteca.	_____	_____

Parte B: Ahora escucha la noticia de radio y ordena las acciones de acuerdo con lo que cuenta el locutor. Luego compara tu versión con la versión del locutor.

Estrategia de comprensión oral: *Transferring Information to Maps*

As you listen, you may be able to better understand the spoken information by transferring it to a diagram, map, chart, or graph. Having a tangible point of reference can help you follow what is being said in a logical manner.

Actividad 7: El verano pasado.

Parte A: Martín y Victoria están hablando sobre lo que hicieron el verano pasado. Escucha la conversación y marca las tres acciones que menciona cada uno.

	Martín	Victoria
1. Alquiló un apartamento.	☐	☐
2. Gastó dinero.	☐	☐
3. Comenzó un trabajo nuevo.	☐	☐
4. Dejó de salir con alguien.	☐	☐
5. Empezó a salir con alguien.	☐	☐
6. Ganó dinero.	☐	☐
7. Viajó a otro país.	☐	☐
8. Vivió con sus padres.	☐	☐

Parte B: Ahora escucha la conversación otra vez y marca en el mapa el itinerario del viaje de la muchacha que fue a Venezuela.

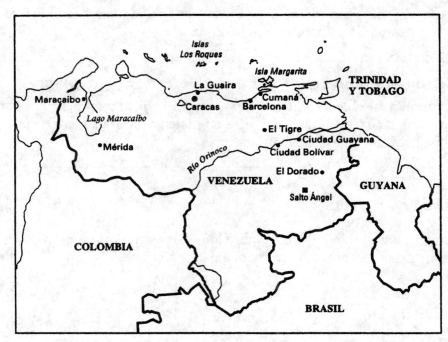

Actividad 8: Viaje a Andalucía. Blanca y Raúl acaban de regresar de un viaje por España y le cuentan a su amigo Nelson sobre el viaje. Escucha la conversación y completa la información que aparece en el manual.

1. ¿Qué es Al-Andalús? _____

2. ¿A quién le gustó Granada? _____ ¿Y Sevilla? _____

3. Lugares que visitaron en Sevilla:

a. _____ el Alcázar

b. _____ la Alhambra

c. _____ la Giralda

d. _____ los jardines del Generalife

e. _____ el Parque de María Luisa

Éste es el final del programa de laboratorio para el Capítulo 3. Ahora vas a escuchar el anuncio comercial que escuchaste en clase. Mientras escuchas, puedes mirar el guión del anuncio que está en el apéndice del manual.

CAPÍTULO

La América precolombina

PRONUNCIACIÓN

The Consonant *r*

The consonant **r** has two different pronunciations in Spanish: the flap sound as in **ahora,** similar to the double *t* sound in *butter* and *Betty*, and the trill sound as in **ahorra.** The **r** is pronounced with the trill only at the beginning of a word or after **l** or **n,** as in **rompía** and **sonríe** (*smiles*). The **rr** is always pronounced with the trill, as in **borracho.**

Actividad 1: Escucha y marca la diferencia. Mira los pares de palabras en el manual y marca la palabra que se dice en cada caso.

1. caro	carro	4. ahora	ahorra
2. pero	perro	5. para	parra
3. cero	cerro	6. moro	morro

Actividad 2: Escucha y repite. Escucha y repite los siguientes verbos que indican un cambio de estado. Presta atención a la pronunciación de **r** y **rr.**

1. aburrirse	5. divorciarse
2. sonreírse	6. drogarse
3. acostumbrarse	7. emborracharse
4. comprometerse	8. irritarse

Actividad 3: Escucha y repite. Escucha y repite las siguientes partes de la leyenda de Quetzalcóatl. Presta atención a la pronunciación de **r** y **rr.**

1. Quería ir a vivir a la tierra.

2. Los dioses le enseñaron a obtener el oro.

3. Los toltecas se hicieron ricos.

4. Quería darles algo para su futuro.

5. Y de repente vio un hormiguero.

6. Y colorín, colorado, esta leyenda ha terminado.

COMPRENSIÓN ORAL

Actividad 4: El pasado. Vas a escuchar cinco oraciones sobre los indígenas de Norte y Centro América. Para cada una indica si es:

a. una acción habitual en el pasado

b. una descripción en el pasado

c. una acción habitual en el presente

1. _____   2. _____   3. _____   4. _____   5. _____

Actividad 5: Un día feriado. Hoy es feriado (*holiday*) y los empleados de una compañía se reúnen en un picnic. Entre los empleados se encuentran Juan y Lautaro, que están sorprendidos porque notan algunos aspectos de la personalidad de sus compañeros de trabajo que nunca ven en la oficina. Indica cómo es cada compañero y cómo se está comportando hoy.

	En la oficina es ...	**Hoy en el picnic está ...**
1. la jefa	_____	_____
2. Miguel	_____	_____
3. Juan José	_____	_____

Estrategia de comprensión oral: *Making Inferences*

It is sometimes necessary to listen between the lines, that is, to extract information that is not said explicitly. Sometimes when you listen to a radio interview, for example, you cannot see the persons involved and, therefore, may have to infer their age as well as their attitude towards one another and towards what they are saying.

Actividad 6: Inferencias. Vas a escuchar tres conversaciones cortas. Intenta deducir qué ocurre en cada situación y marca tus deducciones en el manual de laboratorio.

Conversación 1

a. Le escribía a   ☐ unos tíos.   ☐ sus abuelos.

                ☐ una amiga.   ☐ un amigo.

b. Le escribía   ☐ un poema.   ☐ una carta.

c. Él se enojó porque   ☐ el correo era muy caro.   ☐ la/s otra/s persona/s no contestaba/n.

Conversación 2

a. Ellos tienen   ☐ 10–12 años.   ☐ 23–28 años.   ☐ 40–50 años.

b. Están en   ☐ una fiesta.   ☐ un barco.

                ☐ una oficina.   ☐ una clase.

c. El regalo es para   ☐ un invitado.   ☐ una prima.

                ☐ unos amigos.   ☐ un compañero de trabajo.

Conversación 3

a. El se siente   ☐ preocupado.   ☐ cansado.

                ☐ relajado.   ☐ contento.

b. Ellos tienen   ☐ 10–12 años.   ☐ 23–28 años.   ☐ 40–50 años.

c. Están en   ☐ una sala.   ☐ una cafetería.

                ☐ una cocina.   ☐ una playa.

d. ¿Quién recibió la noticia?   ☐ una niña   ☐ un pariente

                ☐ unas niñas   ☐ unos parientes

e. La noticia era de   ☐ un trabajo mejor.   ☐ una tragedia.

                ☐ un premio (*prize*).   ☐ un coche nuevo.

Actividad 7: Una noticia arqueológica.

Parte A: Antes de escuchar una noticia arqueológica por radio, para la cinta o el CD y lee la lista de verbos que aparecen en la noticia. Escribe una oración para predecir cuál es la noticia.

descubrieron	vivían
fue	estaban
había	encontraron
llegó a ser	

_____

_____

_____

_____

Parte B: Ahora escucha la noticia para confirmar o corregir tu predicción.

Parte C: Escucha la noticia otra vez para contestar las preguntas del manual de laboratorio.

1. ¿Cuánto tiempo hace que fue famoso este lugar? _____

2. ¿Cuántas pirámides había? _____

3. ¿ Cuántos habitantes había? _____

4. ¿Cuál era el pasatiempo favorito de la gente? _____

5. ¿Qué cosas se encontraron?
   a. _____
   b. _____

Actividad 8: La leyenda del chocolate.

Parte A: La locutora de un programa de radio para niños va a contar una leyenda tolteca sobre cómo llegó el chocolate a la tierra. Los toltecas habitaron el sur de México y parte de Guatemala. El protagonista de la leyenda se llama Quetzalcóatl. Antes de escuchar la leyenda, para la cinta o el CD e intenta completar las ideas que se presentan en tu manual de laboratorio, usando lo que aprendiste en clase al escuchar la leyenda del maíz.

1. Quetzalcóatl era ...

   a. el dios serpiente.

   b. el dios de las aguas.

   c. el dios del amor.

2. Antes de ir a vivir con los toltecas, Quetzalcóatl vivía en ...

   a. el norte de México.

   b. el cielo.

   c. el mar.

Parte B: Ahora escucha el principio de la leyenda y marca las descripciones que escuchas.

1a. ☐ Los dioses vivían en una estrella gigante. 1b. ☐ Los dioses vivían en el cielo.

2a. ☐ Tenían pájaros. 2b. ☐ Tenían elefantes.

3a. ☐ Quetzalcóatl era el guardián. 3b. ☐ Quetzalcóatl era el jardinero.

4a. ☐ Había un arbusto (*shrub*) con florecitas. 4b. ☐ Había un león con su cría (*litter*).

Parte C: En el manual de laboratorio se encuentran, fuera de orden, los sucesos (*events*) de la leyenda del chocolate. Antes de escuchar, léelos y después, numera los sucesos mientras escuchas el resto de la leyenda.

a. _____ Algunos dioses no querían darle permiso.

b. _____ Finalmente le dieron permiso.

c. _____ Fue a pedirles permiso a los dioses.

d. _____ Fue al jardín para tomar unas semillas.

e. _____ Quetzalcóatl decidió vivir en la tierra.

f. _____ Fue al jardín y tomó unas semillas.

g. _____ Las llevó a la tierra.

h. _____ Su mamá lo vio.

Actividad 9: ¿Discriminación al indígena? Dos amigos hablan de la discriminación al indígena en México y Ecuador. Escucha la conversación y completa la información que aparece en el manual.

1. Ejemplos de discriminación en México según la mujer: (marca dos)

   a. ☐ Los indígenas siempre tienen que esperar en las oficinas públicas para que los atiendan.

   b. ☐ El gobierno les quita sus tierras.

   c. ☐ Los indígenas son criados (*servants*) en la televisión.

   d. ☐ La policía trata mal a los indígenas.

2. Guayasimí es _____ que _____

   _____

Éste es el final del programa de laboratorio para el Capítulo 4. Ahora vas a escuchar la leyenda que escuchaste en clase, **"La leyenda del maíz".** Mientras escuchas, puedes mirar el guión de la leyenda que está en el apéndice del manual.

CAPÍTULO

El buen paladar

PRONUNCIACIÓN

The Letters *b* and *v*

In most Spanish dialects there is no difference between the pronunciation of the letters **b** and **v.** When these letters occur at the beginning of a phrase or sentence, or after **m** or **n** respectively, they are pronounced much like the *b* in the English word *boy;* for example, **barra, envase.** In all other cases, they are pronounced by not quite closing the lips, as in **sabores, servir.**

Actividad 1: Escucha y repite. Escucha y repite las siguientes palabras, prestando atención a la pronunciación de la **b** y la **v** inicial.

1. **v**uelta
2. **b**otella
3. **v**erano
4. **b**arato
5. **v**isita
6. **b**ueno

Actividad 2: Escucha y repite. Escucha y repite las siguientes partes de la conversación del libro de texto. Presta atención a la pronunciación de la **b** y la **v.**

1. **B**uen pro**v**echo.
2. Pero es **v**erdad.
3. **B**ueno, está **b**ien.
4. Pero, papi, no tengo mucha hambre.
5. Mi plátano no **v**iene ni de Asia ni de las Islas Canarias.
6. ¡Por fa**v**or!

COMPRENSIÓN ORAL

Actividad 3: En el mercado. La Sra. Cánepa compra comida en tres puestos (*stands*) de un mercado. Escucha lo que compra y apunta las cantidades.

1. huevos: _____
2. jamón: _____
3. tomates: _____
4. manzanas: _____
5. Coca-Cola: _____

Actividad 4: Quejas en un restaurante. Escucha a diferentes clientes en un restaurante mientras se quejan de los sabores de la comida. Indica en el manual de laboratorio el sabor que no le gusta a cada cliente, colocando el número de la conversación al lado del sabor apropiado.

_____ agridulce/s   _____ amargo/s   _____ soso/s

_____ agrio/s   _____ dulce/s   _____ salado/s

Actividad 5: Una receta. Escucha la receta que da un chef por la radio y numera los dibujos de la receta para ponerlos en orden.

Actividad 6: Los consejos universitarios.

Parte A: Una muchacha va a venir a los Estados Unidos a estudiar en una universidad y les pide consejos académicos a unos amigos. Antes de escuchar, para la cinta o el CD y escribe dos consejos para un extranjero que quiera estudiar en tu universidad.

Tu primer consejo: _____

_____

Tu segundo consejo: _____

_____

Parte B: Ahora escucha la conversación y marca en la columna izquierda de la siguiente lista los cinco consejos que escuchas.

	Consejos que escuchas	Consejos que va a poner en práctica
1. aprender a buscar información en la biblioteca	☐	☐
2. asistir a clase	☐	☐
3. conocer a su consejero	☐	☐
4. cursar una clase fácil	☐	☐
5. estudiar desde el primer día	☐	☐
6. grabar las clases	☐	☐
7. matricularse por teléfono	☐	☐
8. tomar una clase de redacción	☐	☐

Parte C: Escucha la conversación otra vez y marca en la columna de la derecha de la lista cuáles de los consejos crees que la muchacha va a poner en práctica.

Actividad 7: Un problema.

Parte A: Un muchacho llama al programa de radio "Los consejos de Consuelo". Escucha su problema.

Parte B: Ahora para la cinta o el CD e imagina que eres Consuelo. Escribe dos consejos para darle al muchacho. Usa expresiones como: **es aconsejable que, es preciso que, no es importante que, es importante que, es bueno que, es malo que.**

Tus consejos:

1. _____

_____

2. _____

_____

Estrategia de comprensión oral: *Distinguishing Main and Supporting Ideas*

Distinguishing main ideas from supporting details can greatly aid your overall comprehension. Therefore, when listening, it is important to determine what the central topic is. Once you know the central topic, you can focus on how the speaker supports his or her points. As you listen to tapes or CDs to improve your comprehension of spoken Spanish, listen once to determine the central topics and then a second time to find the supporting ideas.

Actividad 8: Un anuncio informativo. Vas a escuchar un anuncio informativo. Necesitas averiguar cuál es la idea central del anuncio e identificar tres recomendaciones que se hacen.

Idea central:

_____

Ideas que apoyan (recomendaciones):

1. _____

2. _____

3. _____

Actividad 9: La comida de mi casa. Una muchacha mexicana y un joven puertorriqueño hablan sobre las comidas de sus países. Escucha la conversación y completa la información que aparece en el manual.

México	**Puerto Rico**
Desayuno: huevos rancheros	Desayuno:

Almuerzo:
   hora:
	Almuerzo:
	   hora: 12 P.M.

La comida más fuerte es: (marca una) ☐ almuerzo ☐ cena	La comida más fuerte es: (marca una) ☐ almuerzo ☐ cena

Éste es el final del programa de laboratorio para el Capítulo 5. Ahora vas a escuchar la conversación que escuchaste en clase, **"¿De dónde es esa fruta?"**. Mientras escuchas, puedes mirar el guión de la conversación que está en el apéndice del manual.

CAPÍTULO

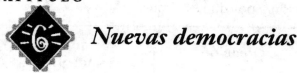 *Nuevas democracias*

PRONUNCIACIÓN

Spanish *p, t,* and [*k*]

The Spanish **p**, **t**, and [k] ([k] represents a sound) are unaspirated. This means that, unlike English, there is no puff of air when these sounds are pronounced. Listen to the difference: *potato*, **papa**; *tomato*, **tomate**; *cut*, **cortar**. To experience this difference, hold the back of your hand in front of your mouth and say *paper*. You should feel an explosion of air as you say the *p*. Now, hold your hand in front of your mouth and compress your lips as you say **papá** several times without allowing a puff of air.

Actividad 1: Escucha y repite. Escucha y repite las siguientes palabras relacionadas con la política y presta atención a la pronunciación de **p**, **t** y [**k**].

1. corrupción
2. tratado
3. asunto político
4. discriminar
5. campaña electoral
6. golpe de estado

Actividad 2: Escucha y repite. Escucha y repite partes de los monólogos del libro de texto. Presta atención a la pronunciación de **p**, **t** y [**k**] y a la unión de palabras.

1. Creo que la democracia es muy inestable.
2. Porque creo que hay desigualdad económica.
3. Muchos países hispanos tenían dictaduras.
4. Y es muy difícil decir qué va a pasar.
5. En este momento hay cierta estabilidad.
6. Dicen que respetan la libertad de prensa.

COMPRENSIÓN ORAL

Actividad 3: Personas famosas. Escucha estas descripciones de unas personas famosas. Indica para cada persona su nacionalidad, su ocupación y por qué es famosa.

	Nacionalidad	Ocupación	Por qué es famoso/a
1. Javier Sotomayor		deportista	
2. Rebecca Lobo	norteamericana		
3. Óscar Arias		fue presidente	
4. Victoria Pueyrredón	argentina		
5. Ricky Martin		cantante	
6. María Izquierdo			pintó el cuadro *Sueño y premonición*

Actividad 4: Una candidata a representante estudiantil.

Parte A: Una muchacha, que es candidata a representante estudiantil de una facultad de sociología, le está hablando a un grupo de estudiantes sobre los problemas de esa facultad y las soluciones posibles. Antes de escucharla, para la cinta o el CD y escribe un problema que hay en tu universidad y una solución a este problema.

Problema: Es lamentable que _____

_____.

Solución: Es preciso que _____

_____.

Parte B: Ahora escucha a la muchacha y anota los tres problemas de su facultad y las soluciones que ella ofrece.

	1	2	3
Problema			
Solución			

Parte C: Usa la información que apuntaste en la parte B para escribir dos oraciones sobre el discurso de la muchacha. Indica en cada oración qué es lamentable (el problema) y qué es preciso (la solución).

1. Es lamentable _____

   por eso es preciso _____.

2. Es lamentable _____

   por eso es preciso _____.

Actividad 5: Una crítica de cine.

Parte A: Un locutor de radio va a hacer una crítica de *Fresa y chocolate*, la película cubana nominada para el Óscar en 1995. Escucha su comentario y combina un nombre de la columna izquierda con un sustantivo de la columna derecha.

1. Gutiérrez Alea   _____   a. actor (papel de David)

2. Coppelia   _____   b. actor (papel de Diego)

3. Perugorria   _____   c. ciudad

4. La Habana   _____   d. heladería

5. Cruz   _____   e. director

Parte B: Ahora escucha la crítica otra vez y contesta las preguntas que aparecen en el manual.

1. ¿De qué trata la película? _____

   _____

2. ¿Cuál es el tema principal? _____

   _____

3. ¿Recomienda el locutor esta película? _____

   _____

Actividad 6: ¿Un viaje fantástico?

Parte A: Una muchacha mexicana que acaba de regresar de Buenos Aires, Argentina, le está contando sobre su viaje a un amigo que ya conoce esa ciudad. Escucha la conversación y marca los lugares que ella visitó.

1. ☐ la calle Corrientes   5. ☐ la Plaza de Mayo

2. ☐ la calle Lavalle   6. ☐ la Recoleta

3. ☐ la Casa Rosada   7. ☐ el cementerio de la Recoleta

4. ☐ la Catedral

Parte B: Ahora escucha la conversación otra vez y apunta la información que da el hombre sobre los tres lugares que ella no visitó.

1. _____
2. _____
3. _____

Parte C: Ahora imagina que eres el hombre y escribe oraciones para decir por qué **es lamentable, es una pena** o **te sorprende** que ella no haya visitado esos lugares.

1. _____
_____
2. _____
_____

Actividad 7: Características de un político.

Parte A: Consuelo, la locutora de un programa de radio, le pregunta a la gente cuáles son las características que necesita un político para tener éxito. Escucha las llamadas y apunta las cuatro características que se mencionan.

1. _____
2. _____
3. _____
4. _____

Parte B: Ahora usa tus apuntes para escribir oraciones con las dos características que a ti te parecen las más importantes de las cuatro. Usa expresiones como: **es bueno que, es importante que, es fundamental que.**

1. _____
2. _____

Estrategia de comprensión oral: *Distinguishing Fact from Opinion*

There are times when facts can be presented in an opinionated fashion. Whether you are listening to a newscast, an editorial, or a simple conversation between friends, it is important to separate facts from opinions. Notice how changing a single adjective can alter how an event is perceived by the listeners: *An angry crowd gathered in front of the White House /A spirited crowd gathered in front of the White House.* Therefore, it is important to know, if possible, the bias of the speaker to whom you are listening.

Actividad 8: ¿Ayuda norteamericana? Carmen y Ramiro hablan sobre el beneficio de que los Estados Unidos se alíen (*ally*) con los países latinoamericanos. Escucha la conversación y completa la información que aparece en el manual.

1. Carmen cree que la alianza (*alliance*) puede traer estabilidad _____.

2. Carmen cree que los EE.UU. pueden (marca dos)

    a. ☐ combatir el tráfico de drogas.

    b. ☐ dar préstamos.

    c. ☐ invertir dinero.

    d. ☐ abrir fábricas.

    e. ☐ ofrecer ayuda militar.

3. Para Ramiro la solución es _____

    _____.

Éste es el final del programa de laboratorio para el Capítulo 6. Ahora vas a escuchar los monólogos que escuchaste en clase, **"La democracia y su futuro"**. Mientras escuchas, puedes mirar el guión de los monologos que está en el apéndice del manual.

CAPÍTULO

Nuestro medio ambiente

COMPRENSIÓN ORAL

Actividad 1: Deportes de aventura. Vas a escuchar definiciones de deportes de aventura. Escribe el número de la definición al lado del deporte que se describe.

_____ hacer esquí alpino   _____ hacer esquí nórdico   _____ hacer esquí acuático

_____ bucear   _____ hacer surf   _____ hacer snorkel

_____ acampar   _____ escalar   _____ hacer alas delta

Actividad 2: Inferencias. Vas a escuchar tres conversaciones cortas. Intenta deducir qué ocurre en cada situación y marca tus deducciones en el manual de laboratorio.

Conversación 1

a. Están en
- ☐ una fiesta.
- ☐ un supermercado.
- ☐ una tienda de ropa.
- ☐ una oficina.

b. La mujer es
- ☐ una supervisora.
- ☐ una cajera.
- ☐ una cliente.
- ☐ una oficinista.

c. El hombre es
- ☐ un supervisor.
- ☐ un oficinista.
- ☐ un cliente.
- ☐ un cajero.

d. El hombre no necesita
- ☐ comida.
- ☐ papel.
- ☐ más trabajo.
- ☐ bolsas.

Conversación 2

a. Las personas que hablan probablemente son
- ☐ vecinos.
- ☐ hermanos.
- ☐ esposos.
- ☐ amigos.

b. Hablan de
- ☐ su vecino.
- ☐ sus hijos.
- ☐ sus amigos.
- ☐ su hija.

c. La mujer ya les dijo muchas veces que
- ☐ hagan la tarea.
- ☐ apaguen la luz.
- ☐ ordenen la habitación.
- ☐ sean honestos.

Conversación 3

a. Las personas que hablan son

☐ esposos.   ☐ hermanos.

☐ abuelo y nieta.

b. El compró   ☐ bombones.   ☐ un par de aretes.

☐ flores.   ☐ unos videos.

c. Son para   ☐ su madre.   ☐ una prima.

☐ un amigo.   ☐ su esposa.

d. El motivo es   ☐ el cumpleaños de ella.

☐ su aniversario de casados.

☐ un ascenso en el trabajo.

Actividad 3: Sugerencias.

Parte A: Antes de escuchar un anuncio sobre cómo conservar agua en el baño, para la cinta o el CD y marca las cuatro sugerencias que en tu opinión son las mejores.

	Tus sugerencias	Sugerencias del anuncio
1. cerrar el grifo (*faucet*) mientras se afeita	☐	☐
2. cerrar el grifo mientras se lava los dientes	☐	☐
3. instalar una ducha que consuma poca agua	☐	☐
4. no usar el inodoro (*toilet*) como basurero	☐	☐
5. poner una botella con piedras en el tanque del inodoro	☐	☐
6. tomar duchas cortas	☐	☐

Parte B: Ahora escucha el anuncio y marca en la lista de la parte A las cuatro sugerencias que escuchas.

Actividad 4: En busca de ayuda.

Parte A: Un muchacho llama a una asociación de psicólogos que ofrecen ayuda por teléfono. Escucha la conversación y marca los cuatro problemas que tiene el muchacho.

1. Cree que no es una persona atractiva. ☐
2. Cree que no es una persona interesante. ☐
3. Discutió con un profesor. ☐
4. No hay nadie que escuche sus problemas. ☐
5. No hay nadie que quiera salir con él. ☐
6. No tiene ganas de estudiar. ☐
7. Saca malas notas en la facultad. ☐
8. Tiene problemas con su jefe. ☐
9. Tiene problemas con su novia. ☐

Parte B: Ahora para la cinta o el CD y escribe dos consejos que puedes darle a este muchacho. Usa expresiones como: **te aconsejo que, es importante que, es necesario que.**

1. _____

  _____

2. _____

  _____

Actividad 5: Quiero un lugar ...

Parte A: Un joven mexicano, que vive en el D. F. (la ciudad de México), le está describiendo a una amiga el lugar ideal para vivir. Escucha la conversación y marca las tres características que busca el joven en un lugar.

1. que esté cerca del mar ☐
2. que haga calor ☐
3. que haya poco crimen ☐
4. que tenga aire puro ☐
5. que sea tranquilo ☐
6. que sea un centro urbano ☐
7. que tenga buenas escuelas ☐

Parte B: Escucha la conversación otra vez y escribe las dos cosas que está haciendo el gobierno mexicano para controlar la contaminación en el D. F.

1. _____

2. _____

Actividad 6: La agencia de viajes.
Una muchacha está hablando por teléfono con un agente de viajes, pues quiere que le recomiende un lugar de vacaciones. Escucha la conversación y apunta en cada sección la información apropiada.

Tipo de lugar que busca:

1. _____

2. _____

3. _____

Lugares que sugiere el agente de viajes:

1. _____

2. _____

Qué hay en el primer lugar:

1. _____

2. _____

Qué hay en el segundo lugar:

1. _____

2. _____

Estrategia de comprensión oral: *Listening to a News Story*

A news story usually answers the questions *what? when? where?* and *how?* Therefore, it is useful to have these questions in mind when you listen to a news story.

Actividad 7: Una noticia ecológica.
Vas a escuchar una noticia ecológica. Apunta la información apropiada para cada pregunta.

¿Qué? _____

¿Cuándo? _____

¿Dónde? _____

¿Cómo? _____

Actividad 8: El ecoturismo. Carlos y una amiga hablan sobre el ecoturismo en Costa Rica y las Islas Galápagos. Escucha la conversación y marca los dos problemas que tiene Costa Rica según Carlos.

Problemas de Costa Rica según Carlos: (marca dos)

1. ☐ demasiados autobuses para turistas

2. ☐ muchos turistas

3. ☐ muchas industrias

4. ☐ deforestación

Éste es el final del programa de laboratorio para el Capítulo 7. Ahora vas a escuchar la conversación que escuchaste en clase, **"Unas vacaciones diferentes".** Mientras escuchas, puedes mirar el guión de la conversación que está en el apéndice del manual.

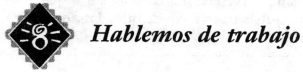

CAPÍTULO

Hablemos de trabajo

COMPRENSIÓN ORAL

Actividad 1: Consejos laborales.

Parte A: Una persona llama a un programa de radio para pedir consejos sobre un problema laboral. Escucha la conversación y apunta el problema que tiene la persona.

Problema: _____

_____

Parte B: Antes de escuchar a la consejera, para la cinta o el CD y escribe un consejo para esta persona usando **antes de que, en caso de que** o **a menos que.**

Tu consejo: _____

_____

Parte C: Ahora escucha a la consejera y marca el consejo que ella le da.

1. ir a hablar con su jefe ☐
2. buscar otro trabajo ☐
3. no darle importancia al rumor ☐
4. averiguar más sobre el rumor ☐
5. tomarse unas vacaciones ☐

Actividad 2: El sofá perfecto.

Parte A: Una muchacha le está contando a un amigo cómo es el sofá que ella quiere diseñar. Antes de escuchar la conversación, marca tres características que te gustaría tener en un sofá.

	Tus preferencias	Sus preferencias
1. tener revistero (*magazine rack*)	☐	☐
2. ser reclinable	☐	☐
3. tener control remoto	☐	☐
4. tener lámpara	☐	☐
5. tener un cajón (*drawer*) multiuso	☐	☐
6. dar masajes	☐	☐
7. emitir calor en invierno y frío en verano	☐	☐
8. tener un apoyalibros (*book holder*) con luz	☐	☐

Parte B: Ahora escucha la conversación y marca en la lista de la parte A las tres características que menciona la muchacha.

Parte C: Ahora para la cinta o el CD y escribe para qué sirven las tres características que discutieron los amigos. Usa expresiones como: **para que, sin, en caso de que, a menos que.**

1. _____

2. _____

3. _____

Actividad 3: Entrevista a un profesor de inglés.

La locutora de un programa de radio entrevista a un profesor de inglés que fue nombrado "Profesor del año". Escucha la entrevista y marca tres cosas que hace un buen profesor.

1. no explicar gramática en clase ☐

2. hablar sólo el idioma extranjero ☐

3. indicar qué tarea hay que entregar (*hand in*) ☐

4. dar instrucciones claras ☐

5. preguntar "¿Entienden?" con frecuencia ☐

6. dar exámenes sorpresa ☐

7. hacer que la clase trabaje en grupos ☐

8. hacer preguntas para asegurarse que los alumnos entendieron ☐

Actividad 4: Cómo buscar trabajo.

Parte A: Un locutor de radio entrevista a una empresaria sobre la mejor manera de buscar trabajo. Escucha la conversación y apunta los cinco consejos que da la empresaria.

1. _____

2. _____

3. _____

4. _____

5. _____

Parte B: Ahora para la cinta o el CD e imagina que tienes que darle dos consejos a una amiga que tiene una entrevista laboral mañana. Escribe los consejos usando frases como: **te aconsejo que, te recomiendo que, es importante que, para que, a menos que.**

1. _____

_____.

2. _____

_____.

Actividad 5: La entrevista laboral. Victoria Álvarez se presenta para un puesto de recepcionista en un hotel. Escucha la entrevista con el gerente y marca la experiencia y los conocimientos que tiene esta candidata.

1. Es capaz de negociar conflictos. ☐

2. Ha trabajado con adultos. ☐

3. Ha usado WordPerfect. ☐

4. Ha trabajado con niños. ☐

5. Ha estudiado idiomas extranjeros. ☐

6. Ha cursado computación. ☐

7. Ha trabajado con Microsoft Word. ☐

8. Ha tenido muchos trabajos. ☐

Estrategia de comprensión oral: *Taking Notes (Part 1)*

Taking notes can aid you in organizing and understanding information you listen to. You usually take notes when you listen to a lecture in class. One way of practicing note-taking is by filling out an outline, as you will be able to do in the following activity.

Actividad 6: La situación económica de América Latina. Una profesora habla sobre la situación económica de los países latinoamericanos. Escucha y completa el siguiente bosquejo (*outline*).

La situación económica de los países latinoamericanos

1. **Privatizar**

   En México: _____ privatizados

2. **Combatir la** _____

   Argentina pasó de una _____ del 3.100% anual al

   _____ % anual.

3. **Abrirse a** _____ extranjeras y a las _____

   En Chile y en Perú: corporaciones americanas _____ en

   _____ de cobre

   Algunos países como _____ han eliminado su política proteccionista.

→

4. Firmar acuerdos

Tratado de Libre Comercio: _____, Canadá y

_____ (*países*)

Mercosur: _____, Brasil, _____ y
Paraguay (*países*)

Comunidad Andina: Bolivia, _____, Ecuador, _____
y Venezuela

Éste es el final del programa de laboratorio para el Capítulo 8. Ahora vas a escuchar las
entrevistas que escuchaste en clase, **"Un trabajo en el extranjero".** Mientras escuchas, puedes
mirar el guión de las entrevistas que está en el apéndice del manual.

CAPÍTULO

Es una obra de arte

COMPRENSIÓN ORAL

Actividad 1: Vocabulario artístico. Vas a escuchar definiciones de palabras relacionadas con el arte. Escribe el número de la definición al lado de la palabra que se define en cada caso.

_____ el autorretrato   _____ la fuente de inspiración   _____ la obra maestra

_____ la burla   _____ interpretar   _____ la reproducción

_____ censurar   _____ la naturaleza muerta   _____ simbolizar

Actividad 2: ¿Qué es arte? Cuatro personas llaman a un programa de radio para decir qué es arte. Escucha las llamadas e indica la definición que da cada persona.

Arte es ...

1. _____ Raúl   a. la expresión del artista.

2. _____ Carlota   b. cualquier cosa que expresa lo que una persona siente.

3. _____ Olga   c. objetos de mucho valor.

4. _____ Carlos   d. un cuadro.

                                          e. cosas que crea un experto en el tema.

Actividad 3: Me importaba mucho.

Parte A: Dos jóvenes están hablando de las cosas que eran importantes para ellos cuando tenían 12 años. Escucha la conversación y marca sólo las cosas que eran importantes para cada uno. ¡Ojo! Algunas cosas eran importantes para los dos.

	Julia	Marcos
1. cuidar el físico	☐	☐
2. fumar	☐	☐
3. llevar ropa de moda	☐	☐
4. ser como los/las demás (*the others*)	☐	☐
5. ser popular	☐	☐
6. sus amigos/as respetarlo/a	☐	☐
7. tener amigos/as populares	☐	☐
8. tener muchas cosas	☐	☐

Parte B: Ahora para la cinta o el CD y escribe dos oraciones para expresar las cosas que te interesaban cuando eras adolescente. Usa palabras como: **importarle, interesarle, querer, ser preciso.**

1. _____

   _____

2. _____

   _____

Actividad 4: El consejero matrimonial.

Parte A: Una pareja va a ver a un consejero matrimonial porque tiene problemas. Escucha la conversación e indica qué dice el hombre y qué dice la mujer.

	Hombre	**Mujer**
1. "Nunca escucha lo que digo."	☐	☐
2. "Siempre habla hasta por los codos."	☐	☐
3. "¿Quieres hablar de nuestra falta de comunicación?"	☐	☐
4. "Tú te dormiste antes que yo."	☐	☐
5. "Un día voy a tirar el televisor por la ventana."	☐	☐

Parte B: Ahora para la cinta o el CD y escribe qué dijo cada uno, usando el estilo indirecto. Por ejemplo: **Él dijo que ella se había quedado dormida primero.**

1. _____

   _____

2. _____

   _____

3. _____

   _____

4. _____

   _____

5. _____

   _____

Actividad 5: La batalla de Rockefeller. La locutora de un programa de radio cuenta una historia sobre el muralista mexicano Diego Rivera. Mientras la escuchas, intenta completar la tabla que se presenta.

Historia sobre Diego Rivera

Ciudad:	Edificio:
Ideas políticas del mural 1.	2.
Qué provocó el escándalo 1.	2.
Qué se hizo con el mural:	
Qué hay en la ciudad de México:	

Estrategia de comprensión oral: *Taking Notes (Part 2)*

In Chapter 8, you practiced taking notes with the help of an outline. Another useful tip when taking notes is to listen for transition words which indicate the next step of the speech, such as introducing, explaining, or giving an example. In the following activity, you will be given a list of transition words to listen for as you hear someone discussing a famous painting.

Actividad 6: *Las meninas.*

Parte A: Eres parte de un grupo de turistas en el Museo del Prado en Madrid, y un guía del museo va a describir el cuadro que aparece en el manual de laboratorio. Antes de escuchar al guía, para la cinta o el CD e intenta numerar a los personajes del cuadro de la página siguiente usando la lista de nombres que lo acompaña.

1. la infanta Margarita
2. las damas de honor
   (*ladies in waiting*)
3. Diego Velázquez
4. el rey Felipe IV
5. la reina María Ana
   de Austria
6. José Nieto
7. los bufones
   (*buffoons*)
8. los servidores

Parte B: Ahora escucha al guía para confirmar o corregir los números que colocaste.

Parte C: Escucha la descripción otra vez y marca en la tabla las expresiones que usa el guía al hablar sobre esta obra maestra.

Para presentar un tema	**Para dar información**
☐ empezaré por	☐ como pueden ver
☐ en primer lugar	☐ fíjense (que)
☐ por una parte	☐ recuerden que
Para concluir	**Para resumir**
☐ finalmente	☐ en pocas palabras
☐ para terminar	☐ en resumen
☐ por último	☐ en resumidas cuentas

Actividad 7: Un cuadro diferente.

Parte A: Unos amigos hablan sobre la siguiente pintura. Escucha la conversación y completa la información que aparece en el manual.

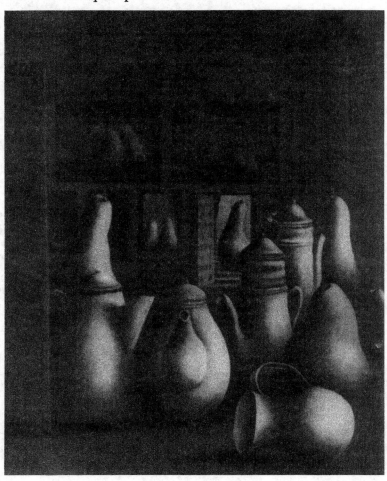

1. El pintor es

    a. ☐ Pablo Picasso.

    b. ☐ Diego Velázquez.

    c. ☐ Ramiro Arango.

2. Esta obra de arte se llama _____.

3. Esta obra se burla de un cuadro de Diego Velázquez llamado _____.

4. Esta obra usa la naturaleza muerta para _____ de _____

_____.

Parte B: En la conversación, la muchacha dice que la gente hoy día no se identifica con las obras de la antigüedad. Su amigo, en cambio, cree todo lo contrario. Para la cinta o el CD y escribe una oración que explique lo que tú crees y por qué.

_____

_____

_____

Éste es el final del programa de laboratorio para el Capítulo 9. Ahora vas a escuchar la conversación que escuchaste en clase, **"Entrevista a una experta en artesanías".** Mientras escuchas, puedes mirar el guión de la conversación que está en el apéndice del manual.

CAPÍTULO

Matrimonios y algo más

COMPRENSIÓN ORAL

Actividad 1: La comunicación.

Parte A: Un locutor de radio va a dar consejos para mejorar la comunicación entre padres e hijos. Escucha y marca los dos consejos que da el locutor.

1. contestar las preguntas del hijo con sinceridad ☐

2. escuchar a su hijo ☐

3. no burlarse de su hijo ☐

4. tener en cuenta sus sentimientos ☐

5. no castigarlo severamente ☐

Parte B: Ahora para la cinta o el CD e imagina que eres el locutor o la locutora del programa. Escribe dos consejos más para decirles a los padres lo que harías tú en su lugar para mejorar la comunicación con sus hijos.

1. En su lugar, yo _____

_____

2. Yo que Uds., _____

_____

Actividad 2: Consejos amorosos.

Parte A: Un joven llama al programa de radio "Los consejos de Consuelo" para pedir un consejo. Escucha y apunta su problema y el consejo que le da Consuelo.

Problema: _____

_____

Consejo: _____

_____

Parte B: Ahora para la cinta o el CD y escribe un consejo que le darías tú al joven si fueras Consuelo.

Si fuera Consuelo, yo le diría que _____

_____ .

Actividad 3: Promesas matrimoniales.

Parte A: Una pareja de novios están haciéndose promesas para el futuro. Escucha la conversación y marca quién hace cada promesa.

	Hombre	Mujer
1. "Te haré feliz."	☐	☐
2. "Estaré contigo en las buenas y en las malas."	☐	☐
3. "Te escucharé siempre."	☐	☐
4. "Te daré todo."	☐	☐
5. "Nunca te compraré un gato."	☐	☐
6. "Nunca invitaremos a tus padres a casa."	☐	☐

Parte B: Ahora para la cinta o el CD y usa el estilo indirecto para escribir qué prometió cada uno. Por ejemplo: **Él prometió que siempre la iba a querer.**

1. _____
2. _____
3. _____
4. _____
5. _____
6. _____

Actividad 4: Un programa de inglés.

Parte A: Vas a escuchar un anuncio comercial sobre un programa de intercambio para venir a estudiar inglés a los Estados Unidos. Para la cinta o el CD y marca las cosas que te gustaría hacer si fueras una persona que viniera a estudiar a los Estados Unidos.

	Tú	El anuncio
1. tener 5 horas de clase al día	☐	☐
2. vivir con una familia americana	☐	☐
3. quedarse en un hotel de cuatro estrellas	☐	☐
4. hablar inglés con americanos	☐	☐
5. aprender expresiones informales	☐	☐
6. visitar lugares de interés turístico	☐	☐
7. recibir un certificado al terminar	☐	☐

Parte B: Ahora escucha el anuncio comercial y marca en la lista de la parte A las cuatro cosas que ofrece el programa de inglés.

Actividad 5: ¿Tener hijos? Dos amigos están hablando sobre lo que implica tener hijos. Escucha la conversación y marca las ventajas y desventajas que mencionan.

Ventajas

1. ☐ ser una experiencia enriquecedora
2. ☐ ver crecer a un ser humano
3. ☐ afianzar (*strengthen*) la pareja
4. ☐ compartir la vida con otro ser humano
5. ☐ madurar como persona

Desventajas

1. ☐ necesitar mucha paciencia
2. ☐ necesitar mucho dinero
3. ☐ no poder desarrollarse profesionalmente
4. ☐ preocuparse por más problemas
5. ☐ ser mucho trabajo

Actividad 6: Una noticia. Escucha la siguiente noticia sobre Colombia y completa la información.

1. Estudiantes universitarios:

   a. Hombres _____% Mujeres _____%

   b. Proporción de estudiantes en la carrera de administración de empresas:

      _____ hombre(s) a _____ mujer(es).

2. Fuerza laboral:

   a. El _____% son mujeres.

   b. Una mujer gana _____ dinero que un hombre en el mismo puesto.

Estrategia de comprensión oral: *Taking Notes (Part 3)*

In Chapter 9, you practiced listening for transition words, which clue you into knowing when a speaker is introducing, explaining, or summarizing a topic. Other transition words that are helpful to listen for when taking notes are the ones speakers use when comparing or contrasting ideas. In the following activity, you will be given a list of expressions to listen for as you hear two people comparing the roles of men and women in a Hispanic country.

Actividad 7: El hombre y la mujer.

Parte A: Teresa y Juan discuten el papel del hombre y de la mujer en un país hispano-
americano. Escucha la conversación y marca la información correcta.

1. Según Teresa, la sociedad espera que las mujeres trabajen

 a. ☐ más que los hombres.

 b. ☐ menos que los hombres.

 c. ☐ tanto como los hombres.

2. Según Teresa, la sociedad trata a las mujeres

 a. ☐ igual que a los hombres.

 b. ☐ diferente que a los hombres.

3. Según Teresa, la mujer debe (marca 5)

 a. ☐ ayudar a los niños con su tarea.

 b. ☐ ser una madre perfecta.

 c. ☐ cuidar al marido.

 d. ☐ estar siempre hermosa.

 e. ☐ hacer la comida.

 f. ☐ hacerse cargo (*be in charge*) de la casa.

 g. ☐ trabajar fuera de la casa.

Parte B: Escucha la conversación otra vez y marca en la tabla las expresiones que Teresa y Juan
usan al hablar sobre el hombre y la mujer en la sociedad.

Para comparar (marca 2)	**Para contrastar** (marca 2)
☐ (al) igual que	☐ a diferencia de
☐ de la misma manera	☐ diferenciarse de
☐ del mismo modo	☐ en cambio
☐ tan (adjetivo) como	☐ en contraste con
☐ tanto … como …	☐ más/menos (adjetivo/sustantivo) que
	☐ por un lado … por otro lado
	☐ no obstante, sin embargo

Éste es el final del programa de laboratorio para el Capítulo 10. Ahora vas a escuchar las
entrevistas que escuchaste en clase, **"¡Que vivan los novios!"**. Mientras escuchas, puedes mirar
el guión de las entrevistas que está en el apéndice del manual.

CAPÍTULO

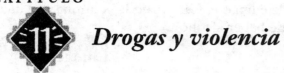

Drogas y violencia

COMPRENSIÓN ORAL

Actividad 1: Mala suerte. Vas a escuchar a tres personas hablar de un problema que tuvo cada una. Escúchalas para deducir y marcar qué le pasó a cada persona.

1. _____ a la mujer
2. _____ al hombre
3. _____ a la esposa del señor

a. Se le acabó la gasolina.
b. Se le descompuso la computadora.
c. Se le quedaron las llaves en el carro.
d. Se le olvidó el nombre de una persona.
e. Se le perdió la billetera (*wallet*).
f. Se le rompieron los pantalones.

Actividad 2: Noticias.

Parte A: Vas a escuchar unas noticias. Para cada caso, indica el delito que se cometió.

_____ asesinato   _____ secuestro   _____ terrorismo

_____ atraco   _____ soborno   _____ tráfico de drogas

_____ robo   _____ suicidio   _____ violación

Parte B: Ahora escucha las noticias otra vez y completa, de una forma lógica, las oraciones que aparecen en el manual de laboratorio.

Noticia No. 1: La policía busca a alguien que _____

_____.

Noticia No. 2: La policía duda que _____

_____.

Noticia No. 3: La policía buscaba una carta que _____

_____.

Noticia No. 4: La policía esperaba que _____

_____.

Actividad 3: Un anuncio informativo.

Parte A: Vas a escuchar un anuncio informativo sobre el peligro de conducir un carro después de beber alcohol. Antes de escuchar el anuncio, para la cinta o el CD y bajo la columna que dice "Tú", marca las tres consecuencias más importantes de beber alcohol.

	Tú	El anuncio
1. euforia	☐	☐
2. falta de concentración	☐	☐
3. inseguridad	☐	☐
4. nervios	☐	☐
5. reflejos lentos	☐	☐
6. sueño	☐	☐
7. visión borrosa (*blurry*)	☐	☐

Parte B: Ahora escucha el anuncio y marca bajo la columna "El anuncio" de la parte A las tres consecuencias que escuchas.

Actividad 4: El mundo del futuro.

Parte A: Dos jóvenes están hablando de las cosas que ya habrán ocurrido dentro de 40 años. Escucha la conversación y marca las dos situaciones que predice cada uno.

	Él	Ella
1. legalizar las drogas	☐	☐
2. aprobar una ley para poder portar armas	☐	☐
3. no haber más policía	☐	☐
4. erradicar el hambre	☐	☐

Parte B: Ahora para la cinta o el CD y escribe dos oraciones sobre cosas que crees que ya habrán ocurrido dentro de 40 años.

1. Dentro de 40 años _____

_____.

2. Dentro de 40 años _____

_____.

Actividad 5: Un programa de radio.

Parte A: Consuelo, la locutora de radio, cuenta una situación problemática. Escucha y numera las acciones en el orden en que sucedieron.

a. _____ Dos niños robaron un lápiz.

b. _____ Los dos niños fueron castigados enfrente de los estudiantes.

c. _____ Los estudiantes salieron a jugar al patio.

d. _____ Los niños fueron a hablar con la directora.

e. _____ Una maestra vio a los dos niños.

Parte B: Ahora para la cinta o el CD y escribe qué habrías hecho tú si hubieras estado en el lugar de la directora y qué habrías hecho si hubieras sido el padre o la madre de uno de los niños.

1. Si hubiera estado en el lugar de la directora, _____

_____.

2. Si hubiera sido uno de los padres, _____

_____.

Parte C: Ahora para la cinta o el CD y lee las acciones que aparecen en el manual de laboratorio. Luego escucha la opinión de un señor, y marca tres cosas que habría hecho él en el lugar de la directora y tres cosas que habría hecho en el lugar de los padres.

1. **En el lugar de la directora**

a. ☐ Habría hecho lo mismo.

b. ☐ No le habría dado importancia al caso.

c. ☐ Habría hablado con los padres.

d. ☐ Habría hablado con los maestros.

e. ☐ Les habría dado más tarea como castigo.

f. ☐ Habría hecho que los niños fueran a la escuela un sábado.

2. **En el lugar de los padres**

a. ☐ Habría demandado (*sued*) a la escuela.

b. ☐ Habría hablado con la directora.

c. ☐ Le habría preguntado al niño por qué hizo eso.

d. ☐ Habría castigado al niño.

e. ☐ Habría sacado al niño de la escuela.

f. ☐ Le habría dicho a la directora que no humillara a los niños.

Estrategia de comprensión oral: *Taking Notes (Part 4)*

In Chapter 10, you practiced listening for transition words, which clue you into knowing when a speaker is comparing and contrasting. Other transition words that are useful to listen for when taking notes are the ones speakers use when discussing cause and effect. In the following activity, you will be given a list of expressions to listen for as you hear two people discussing the legalization of drugs.

Actividad 6: El consumo de las drogas.

Parte A: Rubén y Marisa hablan sobre la legalización de la mariguana. Escucha la conversación y completa la información que aparece en el manual.

1. Para Rubén, si se legaliza la mariguana, (marca 3)

    a. ☐ se creará una narcodemocracia.

    b. ☐ habrá más adictos.

    c. ☐ habrá más adictos entre los menores de edad.

    d. ☐ habrá más violencia.

    e. ☐ la sociedad será un caos.

2. Para Marisa, si se legaliza la mariguana, (marca 2)

    a. ☐ habrá menos adictos.

    b. ☐ esto no afectará el consumo.

    c. ☐ no habrá traficantes que ganen tanto dinero.

    d. ☐ habrá menos violencia.

3. La solución para Rubén es _____

_____

Parte B: Escucha la conversación otra vez y marca en la tabla las expresiones que Rubén y Marisa usan al hablar sobre la legalización de la mariguana.

Causa y efecto (marca 4)	
☐ a causa de (que)	☐ por eso
☐ así que	☐ por lo tanto
☐ causar, provocar	☐ porque
☐ como consecuencia	☐ el resultado
☐ deberse a (que)	☐ traer como resultado
☐ el factor, la causa	☐ una razón por la cual

Éste es el final del programa de laboratorio para el Capítulo 11. Ahora vas a escuchar la entrevista que escuchaste en clase, **"¿Coca o cocaína?"**. Mientras escuchas, puedes mirar el guión de la entrevista que está en el apéndice del manual.

CAPÍTULO

La comunidad latina en los Estados Unidos

COMPRENSIÓN ORAL

Actividad 1: Una entrevista de radio.

Parte A: Vas a escuchar una entrevista de una emisora de radio de Los Ángeles con un asistente social. Mientras escuchas la entrevista, indica si las oraciones que aparecen en el manual de laboratorio son ciertas (C) o falsas (F).

1. _____ Las familias hispanas no castigan (*punish*) a sus hijos.

2. _____ La ley de Los Ángeles protege a los niños.

3. _____ Si uno quebranta (*break*) la ley, puede perder a los hijos.

4. _____ Para los hispanos la crianza de los niños es asunto del gobierno.

Parte B: Ahora para la cinta o el CD e imagina que eres un o una asistente social. Escribe dos sugerencias para padres de familia sobre cómo pueden castigar a un niño. Usa expresiones como: **les recomiendo que, les sugiero que, les aconsejo que.**

1. _____

_____

2. _____

_____

Actividad 2: Comentario de una película.

Parte A: Mientras escuchas el comentario de la película *My family / Mi familia*, coloca la letra de la acción al lado de la persona a quien se refiere.

1. _____ José Sánchez

2. _____ Chucho Sánchez

3. _____ Jimmy Sánchez

a. Se casó con una mujer para salvarla de los escuadrones de la muerte (*death squads*).

b. Se rebela contra las tradiciones mexicanas.

c. Vino de México en los años 20.

Parte B: Ahora escucha el comentario de la película otra vez para completar las oraciones que aparecen en el manual de laboratorio.

1. La película narra la historia de _____

_____.

2. La historia tiene lugar en _____. (*ciudad*)

3. El director Gregory Nava también filmó las películas _____.

Actividad 3: Un anuncio comercial.

Parte A: Vas a escuchar un anuncio comercial sobre entrevistas que se harán la semana próxima a tres hispanas famosas en los Estados Unidos: Rita Moreno, Rebecca Lobo y Gloria Estefan. Antes de escuchar el anuncio, para la cinta o el CD y marca en la primera columna de cada nombre la nacionalidad y lo que crees que hizo o hace cada mujer.

	Moreno		**Lobo**		**Estefan**	
1. Es cubana.	☐	☐	☐	☐	☐	☐
2. Es puertorriqueña.	☐	☐	☐	☐	☐	☐
3. Es norteamericana de ascendencia cubana.	☐	☐	☐	☐	☐	☐
4. Actuó en *El show de los muppets* y en *Los archivos de Rockford*.	☐	☐	☐	☐	☐	☐
5. Cantó con el Miami Sound Machine.	☐	☐	☐	☐	☐	☐
6. Ganó un Grammy con la canción "Mi tierra".	☐	☐	☐	☐	☐	☐
7. Es basquetbolista.	☐	☐	☐	☐	☐	☐
8. Ganó dos Emmys, un Óscar, un Tony y un Grammy.	☐	☐	☐	☐	☐	☐
9. Escribió con su madre un libro sobre el cáncer.	☐	☐	☐	☐	☐	☐

Parte B: Ahora escucha el anuncio y confirma o corrige la información sobre cada mujer en la segunda columna de cada nombre de la parte A.

Actividad 4: La educación bilingüe.

Parte A: Una pareja habla sobre la educación bilingüe en los Estados Unidos. Escucha la conversación y completa la información que aparece en el manual.

1. Hoy día los hijos de los inmigrantes alemanes e italianos (marca una)

    a. ☐ no le prestan atención a sus raíces.

    b. ☐ visitan parientes en Alemania e Italia.

    c. ☐ hablan alemán e italiano con sus parientes.

    d. ☐ estudian alemán e italiano en la universidad.

2. A los Estados Unidos les conviene tener personas bilingües para (marca una)

    a. ☐ gastar menos dinero en traductores.

    b. ☐ comerciar (*do business*) con el mundo.

    c. ☐ que haya una gran variedad de culturas.

    d. ☐ que la gente de diferentes culturas se entienda entre sí.

3. Las personas que hablan inglés en la casa lo estudian _____ años en la escuela.

Parte B: Ahora para la cinta o el CD y marca con cuál de las siguientes ideas estás de acuerdo.

1. ☐ A los estudiantes de otros países hay que enseñarles en la escuela solamente inglés. Pueden aprender su propio idioma en casa.

2. ☐ A los estudiantes de otros países hay que enseñarles en la escuela tanto inglés como su propio idioma.

3. ☐ A los estudiantes de otros países hay que enseñarles en la escuela su propio idioma solamente.

Éste es el final del programa de laboratorio para el Capítulo 12. Ahora vas a escuchar el poema que escuchaste en clase. Mientras escuchas, puedes mirar el guión que está en el apéndice del manual.

Scripts of Textbook Listening Selections

La facultad

Ramón:	¿Y cómo te va en la facultad?
Mónica:	¡Ay! ¿No te dije? Creo que voy a cambiar de carrera.
Ramón:	¿En serio? ¿Qué pasa? ¿No ... no te gusta la medicina?
Mónica:	No, creo que la medicina no es para mí.
Ramón:	¡No me digas!
Mónica:	Sí, hace un año que ... que estoy en medicina y la verdad es ... no sé ... ¡creo que no me gusta. Curso materias que no me interesan ... y no sé. Me parece que estoy perdiendo el tiempo.
Ramón:	¿Y ... qué vas a hacer?
Mónica:	Mira. La opción que estoy considerando es estudiar derecho.
Ramón:	¡No me digas! ¿Derecho? ¿Abogada, tú?
Mónica:	Sí, sí, ¿por qué no? Me interesa mucho el derecho constitucional. Creo que es una carrera donde tengo más posibilidades. En este país hay tantos médicos que para ... encontrar trabajo, es casi ... casi imposible.
Ramón:	Sí, la verdad es que no se necesitan médicos en las grandes ciudades y yo no quiero vivir en un pueblo. Pero, dime una cosa; y en la facultad de derecho, ¿te revalidan algunas de las materias de medicina?
Mónica:	No, no me revalidan nada. Ninguna de las materias que cursé. Cero, ni una. Cursé ocho materias: biología, anatomía y seis más, y no me revalidan ninguna. Es una lástima.
Ramón:	¿En serio? ¡Qué suerte tienes!
Mónica:	Sí, pero ¿qué puedo hacer? Tendré que volver a empezar de cero. Por suerte, por suerte, sólo he estado en medicina un año y no dos o tres años. ¿Te imaginas? ¿Volver a empezar de cero después de cursar tantas materias?
Ramón:	No, de verdad que no me lo imagino. Demasiado trabajo para mí. Y dime, ¿a qué edad vas a terminar la carrera?
Mónica:	Pues ... tengo diecinueve ... y se necesitan cinco años, así que a los ... a los veinticuatro me recibo de abogada. ¿Qué crees? Y eso sí, esta vez no vuelvo a cambiar de carrera.
Ramón:	Estás segura, ¿no? Quiero tener una amiga abogada ... puedo necesitar tu ayuda en cualquier momento. Pero bueno, mucha suerte.
Mónica:	Órale, pues.

CAPÍTULO 1
Una cuestión de identidad

Pedro:	Discúlpame, Silvia. Te quería hacer una pregunta.
Silvia:	Sí, dime.
Pedro:	Hace una hora que estoy completando una solicitud para entrar a una universidad de California y me llama la atención la cantidad de categorías que hay: Chicano/Mexican American, Latino, Latin American, Puerto Rican, Other

Hispanic … Son unos pesados. Esto es una ensalada de palabras. ¿Quién es qué? Dime, ¿quién es el Mexican American?

Silvia: Bueno, el mexicoamericano es el ciudadano de los Estados Unidos que es descendiente de mexicanos, es decir, que sus padres o abuelos o bisabuelos eran mexicanos, y que se identifica con la cultura mexicana.

Pedro: ¡Ah! O sea, que el mexicoamericano es ciudadano de los Estados Unidos, pero habla español.

Silvia: Algunos hablan sólo inglés y otros hablan inglés y español.

Pedro: Y el chicano, ¿quién es el chicano?

Silvia: Bueno, la palabra la usan algunos mexicoamericanos, es decir, gente de ascendencia mexicana, pero creo, que la palabra tiene una connotación política.

Pedro: Política, ¿eh? Pues, entonces yo, ¿qué marco en esta solicitud?

Silvia: Marca latino.

Pedro: Sí, ya sé que soy latinoamericano porque soy de Latinoamérica, pero latinoamericano también incluye a los brasileros porque ellos hablan portugués y el portugués es una lengua latina. Pues, marco Latin American y listo.

Silvia: Ya vas a aprender más cuando estés allí. Vas a ver que en la universidad no sólo asistes a clase; también participas en otras actividades como jugar al fútbol, cantar en el coro.

Pedro: ¿Qué dices? ¿Cantar?

Silvia: Sí, allí no es como aquí que cuando sales de clase, tomas el autobús y te vas a tu casa.

Pedro: O te vas a un bar a tomar algo con tus amigos … o a donde sea …

Silvia: Exacto. Pero en cambio en los Estados Unidos todas las facultades están juntas en la ciudad universitaria, o el "campus", como se dice allí. Y hay muchas cosas para hacer. Es muy divertido.

Pedro: El "campus", ¿eh? No veo la hora de estar allí. Me parece que lo voy a pasar muy bien.

CAPÍTULO 2
La invitación para esta noche

Bill: ¡Hola, Laura! ¡Qué alegría verte! ¿Cómo estás?

Laura: Bien. Muy bien, Bill. Pero tengo prisa. Quiero ir a comprarme unos zapatos para esta noche. ¿Vas a ir?

Bill: ¿Esta noche? ¿Adónde?

Laura: A mi casa. ¿Cómo? Te dejé un mensaje en el contestador automático.

Bill: Ay, odio esos inventos de la tecnología moderna porque nunca funcionan.

Laura: Bueno, de todos modos, mi hermana y yo organizamos una comida en nuestro apartamento con algunos amigos. Nos pasamos la tarde cocinando.

Bill: Y, ¿a qué hora es la cena?

Laura: A las 9:00. ¿Vienes? Te vas a divertir un montón.

Bill: Sí, creo que sí.

Laura:	Tienes que ir. Mira que soy buena cocinera, ¿eh?
Bill:	Bueno. Entonces a las 9:00 en tu casa.
Laura:	¿Tienes mi dirección?
Bill:	Sí, sí. Me acuerdo dónde está tu casa.
Laura:	Bueno. Nos vemos esta noche. ¡Chau!
Bill:	¡Chau, chau!
Silvia:	¿Quién es?
Bill:	Soy yo, Bill, amigo de Laura.
Silvia:	¡Ah, Bill! ¿Qué tal? Pasa, pasa. ¡Pero qué temprano llegaste! Laura se está vistiendo.
Bill:	¡¿Temprano?! ¿Soy el primero en llegar? Pero son las 9:10.
Laura:	¡Bill, ya voy! ¡Me pongo los zapatos, me maquillo y ya estoy en la sala contigo!
Silvia:	Bill. Soy Silvia, la hermana menor de Laura.
Bill:	Mucho gusto.
Silvia:	¿Te provoca tomar algo?
Bill:	No, te agradezco. No tengo sed. ¡Mmm! ¡Qué rico aroma! ¿Qué es?
Silvia:	¡Ay! ¡Es el pollo! ¡Se está quemando el pollo! ¡Laura, el pollo!
Laura:	¡Ya voy!

CAPÍTULO 3
Un anuncio histórico

Todos sabemos algo de la historia de España:

En el año 711 los musulmanes, o moros como los llamaban aquí en España, invadieron la Península Ibérica para llevar la palabra del Corán. 711, año clave en la historia de España.

En el año 718 don Pelayo ganó la primera de muchas batallas contra los moros y así empezó la Reconquista. 718, año clave en la historia de España.

Entre 1252 y 1284, durante el reinado del rey Alfonso X, o Alfonso el Sabio, cristianos, moros y judíos pudieron explorar juntos la filosofía y las ciencias. 1252 a 1284, años claves en la historia de España.

En 1478 empezó la Inquisición española, época de persecución contra los judíos y los moros. 1478, año clave en la historia de España.

En 1492 los Reyes Católicos, Fernando e Isabel, expulsaron a los moros de España y Cristóbal Colón llegó a América. 1492, año clave en la historia de España.

Compren la serie de libros *Años claves en la historia de España: 711 a 1492.* El primer libro estará a la venta en todos los quioscos el próximo lunes. Una colección esencial para su biblioteca. El lunes en su quiosco. Todos los lunes, un nuevo libro de la serie *Años claves en la historia de España: 711 a 1492.*

CAPÍTULO 4
La leyenda del maíz

Bueno, hoy les voy a contar una historia, una leyenda, que es la leyenda del maíz. Ésta es una leyenda de los toltecas. Bueno, resulta que había una vez en el cielo dos dioses, el dios Sol y la diosa Tierra, que tenían muchos, muchos hijos. Y un buen día uno de los hijos, que se llamaba Quetzalcóatl, les dijo a sus padres que quería ir a vivir a la tierra, y entonces los padres le dieron permiso. El joven Quetzalcóatl bajó a vivir a la tierra y fue a vivir con los toltecas.

Resulta que los toltecas eran muy, muy pobres y, entonces, todas las noches Quetzalcóatl iba a una montaña y les pedía ayuda a sus padres. Y sus padres le enseñaron a obtener el oro, la plata, la esmeralda y el coral. Y con todo esto Quetzalcóatl construyó cuatro casas de coral con oro, plata y esmeraldas. Y entonces los toltecas se hicieron ricos, pero para Quetzalcóatl esto no era suficiente porque él quería algo más útil para los toltecas; él quería darles algo para su futuro.

Y una noche hermosa de luna llena, Quetzalcóatl fue a la montaña a pedirles inspiración a los dioses, a sus padres. Pero se quedó dormido y comenzó a soñar. Y en el sueño vio una montaña hermosa cubierta de muchas flores y de repente vio un hormiguero. Y de este hormiguero entraban y salían muchas, muchas hormigas que llevaban algo, pero Quetzalcóatl no podía ver qué era.

Y ahí Quetzalcóatl se despertó y misteriosamente comenzó a caminar hasta que llegó a una montaña preciosa cubierta de flores y allí ¿a que no saben lo que vio? Sí, amigos. Vio el mismo hormiguero que había visto en su sueño. No lo podía creer.

Y entonces les pidió a los dioses que lo convirtieran en hormiga para poder entrar en el hormiguero. Y los dioses lo escucharon y lo convirtieron en hormiga y así Quetzalcóatl pudo entrar en el hormiguero y encontró el tesoro de las hormigas. Pero, ¿qué era? Eran cuatro granitos blancos. Entonces él tomó los cuatro granitos blancos y volvió a su pueblo y los escondió. Y los escondió muy bien. ¿Dónde los puso? Los puso en la tierra.

No saben la sorpresa que se llevó una mañana cuando salió de su casa y vio unas plantas doradas divinas con hojas grandes y en el centro un fruto delicioso. Los dioses le habían dado algo más importante que el oro, la plata, el coral y la esmeralda. Le habían dado una planta. Sí, una planta: el maíz. Un cereal divino. Y colorín, colorado esta leyenda ha terminado.

CAPÍTULO 5
¿De dónde es esa fruta?

Mesero:	Aquí está su comida. A ver, ¿quién pidió moros y cristianos?
Hombre:	¿Los moros y cristianos? ... Ah, son para mi esposa, por favor.
Mesero:	Bien. Y la ropa vieja, ¿para quién es?
Hombre:	La ropa vieja es para mí.
Niño:	Y el pollo con plátano frito es para mí.
Mesero:	Pollo y plátano frito para el señorito.
Mujer:	Chévere.
Mesero:	Buen provecho.
Hombre y Mujer:	Gracias.
Niño:	Mami, mira a ese señor bailando el cha cha chá.

Mujer:	Pero ese señor no baila, ese señor mata cucarachas.
Hombre:	Oye, Miguelito, quiero que te comas todo el plátano que tienes en el plato. ¿Entendiste?
Niño:	¿Comérmelo todo? Pero, papi, no tengo mucha hambre.
Hombre:	Mira, niño, cómetelo todo.
Niño:	Bueno, está bien.
Hombre:	Y por favor, pon las dos manos en la mesa.
Mujer:	Miguelito, ese plátano está delicioso.
Hombre:	¿Y saben dónde se encontraron los primeros plátanos?
Mujer:	En Cuba, por supuesto.
Hombre:	No, en Cuba no.
Mujer:	¡Vamos!
Hombre:	El plátano se originó en Asia. ¿Acaso no sabías?
Mujer:	¡En Asia! ¡Por favor! Miguelito, las dos manos en la mesa, ¿eh?
Hombre:	Pero es verdad. Te lo digo en serio. Los primeros plátanos se encontraron en Asia y luego se plantaron en las Islas Canarias, que era una colonia española.
Mujer:	¿En las Islas Canarias? ¿Y qué? ¿Entonces los españoles los trajeron de las Canarias al Caribe?
Hombre:	Así es. Ellos los trajeron al Caribe en 1516.
Mujer:	Pero qué interesante. No tenía ni idea.
Niño:	Papi, no quiero comer más plátano.
Padre:	Te digo que te comas todo el plátano.
Niño:	Bueno, me como uno más si tú dejas de dar clase de historia. Mi plátano no viene ni de Asia ni de las Islas Canarias. Éste viene de la cocina y punto.

CAPÍTULO 6
La democracia y su futuro

Hoy hicimos una encuesta en la calle para ver qué piensa la gente sobre la democracia y su futuro en nuestros países hispanos. Siempre tenemos algo que opinar y esto es lo que opinaron tres personas.

Opinión 1: Mujer ¿La democracia y su futuro? Bueno, yo creo que la democracia en … en los países hispanos es todavía muy, muy inestable. ¿Por qué? Porque creo que hay desigualdad económica, es decir, hay más gente pobre, hay más gente de clase media que no tiene trabajo. Y yo, ¿qué quiere que le diga? Lamento que esto sea así, pero no tengo idea si algún día va a cambiar la situación, ¿comprende? Y al haber más gente que no tiene trabajo, que no tiene dinero, que no tiene comida para sus hijos … La verdad es que algunas personas comienzan a pensar "¡Bueh! Con los militares en el gobierno estábamos mejor". No es que yo piense eso, pero … pero lamentablemente es lo que empiezan a decir algunas personas.

Opinión 2: Hombre ¿La democracia y su futuro? Pues … mire Ud., la verdad … creo que debemos hacer memoria, ¿no le parece? En los años 70 muchos de los países hispanoamericanos tenían dictaduras militares y … y … hoy día me alegra que todos los gobiernos sean democráticos. ¿Ud. se da cuenta de eso? Es un milagro, realmente es un milagro … y vamos a poder disfrutarla siempre y cuando no nos olvidemos de lo terrible que es vivir bajo una dictadura militar. Mire, de verdad no cabe duda que la democracia va a tener un gran futuro en nuestros países. Pero claro, debemos luchar por mantener y respetar la democracia que todos juntos logramos.

Opinión 3: Mujer ¡Qué pregunta! Y, es muy difícil decir qué va a pasar. En este momento hay cierta estabilidad, pero la democracia en muchos países de Hispanoamérica todavía está en pañales. Se necesita mucho tiempo para ver si la situación mejora o no ... Yo no creo que haya muchos gobiernos que tengan en claro lo que es la democracia y la libertad de prensa. Dicen que son democráticos, que respetan la libertad de prensa, pero cuando algún periodista dice algo que al gobierno no le gusta, ¡plaf! algo le pasa al periodista: lo matan ... lo amenazan ... o simplemente no lo dejan publicar lo que escribe. Y eso en una democracia ... no puede ser así. Sencillamente no puede ser así. Ojalá que en el futuro tengamos todos los derechos de una verdadera democracia.

CAPÍTULO 7
Unas vacaciones diferentes

Pablo:	¿Y adónde vas a ir de vacaciones este verano?
María José:	Mm ... ¿Sabes que no sé? La verdad es que no tengo ni idea qué quiero hacer este verano.
Pablo:	Pues, mujer, es lógico que no tengas idea. Has estado en tantos lugares que ya no te queda nada por conocer.
María José:	Bueno, no exageres. Es verdad que conozco un montón de sitios, pero todavía me queda mucho, mucho por conocer. Pero mm ... quiero ... que estas vacaciones sean, no sé, diferentes.
Pablo:	¿Diferentes? ¿Diferentes en qué sentido?
María José:	Mm ... no sé. Diferentes. Necesito ir a un lugar que sea tranquilo, donde no tenga que visitar catedrales, ni museos, ni ruinas.
Pablo:	O sea, quieres unas vacaciones tranquilas, tranquilas. Y bueno. Entonces vete a un lugar que tenga playa.
María José:	¿A la playa? No, no quiero ir a la playa. El verano pasado estuve en Huatulco en México, que es un lugar con playa. Pero este verano busco un lugar donde haya más actividad, ¿me entiendes?
Pablo:	Más actividad, ¿eh? Pero no quieres visitar catedrales o museos.
María José:	No, esta vez no. ¡No quiero visitar ninguna catedral!
Pablo:	¡Ah! ¿Sabes qué? ¡Ya sé! Un amigo mío acaba de regresar de unas vacaciones en Ecuador.
María José:	¿Ecuador? Mm ... cuéntame, me interesa.
Pablo:	Bueno, resulta que hay una comunidad de ... una comunidad de indígenas quichuas en un pueblito llamado Capirona.
María José:	Y, ¿qué voy a hacer yo en una comunidad de indígenas quichuas?
Pablo:	Bueno. Pues, mira. Espera que te cuente. Parece que los quichuas organizan un programa de ecoturismo en su pueblo.
María José:	¿En serio? ¿Ecoturismo? ¿Y sabes en qué consiste el programa?

Pablo:	Bueno, creo que ... creo que ellos organizan caminatas por la selva; y me parece que hacen demostraciones de cómo hacen sus canastos ... y también se puede participar en una eh ... en una minga.
María José:	¿Minga? Qué es una minga?
Pablo:	No estoy seguro, pero creo que en una minga los visitantes y la gente del lugar trabajan en algún proyecto comunitario o algo así.
María José:	¿Como por ejemplo?
Pablo:	No sé. En realidad no me acuerdo. Pero, ¡ojo! El viaje no es fácil, ¿eh? ... Solamente se puede llegar al pueblo en canoa o con una caminata de dos horas.
María José:	¡Uf! ¡Qué ejercicio! Me tengo que poner en forma. Pero me parece interesantísimo. Ay, quisiera hablar con tu amigo.
Pablo:	Bueno, ¿sabes qué? Si quieres lo llamo y podemos salir a cenar juntos. ¿Te parece bien?
María José:	Ay, claro. Desde luego. Tengo miles de preguntas para hacerle.

CAPÍTULO 8
Un trabajo en el extranjero

Ent.:	Hoy voy a entrevistar a dos jóvenes norteamericanos que han trabajado en el exterior para que nos cuenten cómo consiguieron el trabajo. Primero tenemos a Jenny Jacobsen, que estuvo enseñando inglés en España. ¿No es así, Jenny?
Jenny:	Así es.
Ent.:	Cuéntanos cómo hiciste para conseguir ese trabajo.
Jenny:	Bueno, yo tenía una maestría en enseñanza de español ...
Ent.:	Ajá ...
Jenny:	Y ... mmmm ... mandé mi curriculum a una escuela privada de inglés en Madrid. Tenía unos amigos americanos en España que trabajaban allí y me habían dado la dirección del lugar.
Ent.:	Ajá ...
Jenny:	Entonces, en enero me mandaron una solicitud; la llené y la devolví.
Ent.:	¿Y tardaron mucho en contestarte?
Jenny:	No mucho. Creo que alrededor de mediados de marzo, ellos me entrevistaron en el congreso de TESOL que ese año fue en Chicago.
Ent.:	¿Qué es el congreso de TESOL?
Jenny:	TESOL significa "Teachers of English to Speakers of Other Languages" o profesores de inglés a hablantes de otros idiomas. Y es un congreso internacional que se hace o en los Estados Unidos o en Canadá y viene gente de todo el mundo para asistir al congreso y entrevistar a candidatos para profesores de inglés.
Ent.:	Pero, ¡qué interesante! Sigue, por favor.
Jenny:	Bueno, me fue muy bien en la entrevista. Entonces a las dos semanas me ofrecieron el puesto e inmediatamente me mandaron los papeles para sacar mi visa.
Ent.:	Y ¿es difícil sacar visa para trabajar en España?

Jenny:	No es fácil y se necesita tiempo. Luego me fui a Madrid en septiembre y en esa escuela me dieron un entrenamiento de dos semanas para aprender a enseñar inglés.
Ent.:	Claro. Porque tú sabías enseñar español, pero nunca habías enseñado inglés, ¿verdad?
Jenny:	Correcto. Que uno hable inglés no quiere decir que uno sepa enseñarlo.
Ent.:	Es verdad.
Jenny:	Bueno. La experiencia fue realmente interesante. Al estar dando clases de inglés conocí a mucha gente, me divertí un montón y, como puede ver, aprendí bastante español.
Ent.:	Ya lo creo. Pero dime, ¿y el sueldo? ¿Te alcanzaba para vivir?
Jenny:	Sí. Compartía un apartamento con una muchacha de Salamanca y el dinero me alcanzaba lo más bien. Nunca tuve problemas. Pero mucha gente también da clases particulares.
Ent.:	Y dime. ¿Hay muchos americanos enseñando inglés en España?
Jenny:	¡Uf! Sí, hay cantidades.
Ent.:	Bueno, Jenny. Muchas gracias por haber compartido esta información con nosotros.
Jenny:	No. Por nada.
Ent.:	Y ahora estamos con nuestro segundo invitado de hoy, Jeff Stahley. Buenas tardes, Jeff.
Jeff:	Buenas tardes.
Ent.:	Tú también enseñaste inglés, ¿verdad?
Jeff:	Así es, pero no en Madrid como Jenny, sino en Medellín.
Ent.:	¡Medellín, Colombia! ¿No era peligroso?
Jeff:	No, en absoluto. En realidad no tuve ningún problema.
Ent.:	¿Y cómo hiciste para conseguir el trabajo en Colombia?
Jeff:	Bueno, pues yo me fui con una visa de turista y una vez que estaba allí, la universidad me dio trabajo para enseñar inglés.
Ent.:	¿Y cómo te dieron trabajo?
Jeff:	Bueno, la universidad quería contratarme y para poder enseñar, yo tenía que ser estudiante. Entonces tomé unos cursitos y así pude enseñar inglés. En vez de pagarme sueldo me dieron una beca. A mí me daba igual con tal de recibir dinero. También di clases particulares de inglés.
Ent.:	¿Y cómo conseguiste los estudiantes para las clases particulares?
Jeff:	Bueno, hay tanta gente que quiere aprender inglés con americanos y tan pocos americanos allí que enseguida comencé a tener un montón de clientes.
Ent.:	¿Y te pagaban bien?
Jeff:	¡Uf! No sólo me pagaban bien, sino que como Jenny, conocí a mucha gente y me invitaba a su casa y salíamos juntos, hacíamos muchos programas juntos. En fin, realmente no era turista. Me sentía como en mi casa.
Ent.:	Y para finalizar. Dime, ¿qué consejos puedes darle a un norteamericano que quiera ir a enseñar inglés?

Jeff:	Pues ... que tome algún curso corto para aprender a enseñar inglés antes de ir a otro país. Así puede tener muchas más posibilidades de trabajo.
Ent.:	Bien. Muchas gracias, Jeff, por charlar conmigo.
Jeff:	Fue un placer. Gracias.

CAPÍTULO 9
Entrevista a una experta en artesanías

Locutor:	Bueno, y hoy tenemos una invitada muy especial, María Gómez, oriunda de Ecuador. La Sra. Gómez nos va a hablar de un arte cuya perfección es admirada en todo el mundo: el famoso sombrero Panamá. Sra. Gómez, buenos días y bienvenida a nuestro programa.
Sra. Gómez:	Muchas gracias a Ud. por invitarme.
Locutor:	Pues, cuéntenos un poco sobre los sombreros Panamá.
Sra. Gómez:	Bueno. Pues ... primero, yo quería explicar que estos sombreros tan famosos se hacen en Ecuador y no en Panamá como cree mucha gente.
Locutor:	Y entonces, ¿por qué se conocen como sombreros Panamá si se hacen en Ecuador?
Sra. Gómez:	¡Ja! Ocurre que desde hace tiempo los fabricaban en Ecuador, pero ... pero los mandaban al resto del mundo desde Panamá y por eso comenzaron a llamarlos sombreros Panamá. Los usaban personas como ... como Teddy Roosevelt y el Rey Eduardo VII de Inglaterra y por eso, con el tiempo, se pusieron muy de moda. Pero ... recuerde Ud. que los mejores son los llamados Montecristi Finos, que están hechos en Montecristi, Ecuador, donde yo vivo, y no en Panamá.
Locutor:	¡Pero qué curioso! Yo pensaba que eran de Panamá.
Sra. Gómez:	No, no, no. Los mejores son de mi pueblo, de Montecristi, Ecuador.
Locutor:	Bueno y, ¿por qué son tan particulares estos sombreros?
Sra. Gómez:	Pues porque los artesanos los hacen a mano con muchísimo cuidado. Usan paja para su fabricación, por supuesto, y ... claro, sólo trabajan de noche.
Locutor:	¡¿Trabajan de noche?! ¿A qué se debe eso?
Sra. Gómez:	Pues por la noche hace más fresco y de día, cuando hace calor, la transpiración del artesano puede echar a perder la paja porque ... deja manchas.
Locutor:	Y, ¿cuánto tardan en hacer uno de estos sombreros?
Sra. Gómez:	Los buenos les llevan más o menos ... mas o menos dos meses, pero un sombrero verdaderamente fino lleva ocho meses.
Locutor:	¿Ocho meses? Pero, ¡qué barbaridad!
Sra. Gómez:	Sí, pues el trabajo hay que hacerlo con muchísimo cuidado y sólo quedan muy pocas personas que saben hacer buenos sombreros y todas son muy mayores. Debe haber ... más o menos unas veinte personas. Así que dentro de muy pocos años, cuando estas personas ya no estén, no sé quién va a hacer los sombreros.
Locutor:	Entonces, probablemente este arte tan maravilloso desaparezca, ¿no?
Sra. Gómez:	Así es. Había una artesana que ... que quería que su hija y su nieta aprendieran y pues ... pues trató de enseñarles una vez, pero mmm ... a ellas no les interesó y a ella se le fueron las ganas de enseñarles. Ud. ya sabe cómo son los jóvenes.

Locutor:	Sí, entiendo. Y … dígame una cosa, ¿cuánto cuesta un sombrero Panamá?
Sra. Gómez:	Pues, depende. Yo sé que los distribuyen en algunas tiendas de Nueva York y Hawai y allí un sombrero bueno cuesta entre $350 y $750 dólares.
Locutor:	¡Dios mío! No son baratos, ¿eh? ¿Y los mejores cuánto cuestan?
Sra. Gómez:	Los mejores se venden en unos diez mil dólares.
Locutor:	¡Diez mil dólares! Pero, ¡qué dineral!
Sra. Gómez:	Sí, pero hay gente que aprecia la calidad del sombrero … que tiene el dinero y que paga … que paga ese precio. Por supuesto que los artesanos no ganan ni la mitad de eso. Pues Ud. sabe, hay muchos intermediarios; eh … el sombrero pasa por muchas manos hasta que llega al cliente y … y todos quieren sacar provecho del negocio.
Locutor:	Pero, de todas maneras, ¡es increíble!
Sra. Gómez:	Así es. ¡Es increíble!
Locutor:	Bueno, Sra. Gómez, se nos acabó el tiempo. Muchas gracias por venir a nuestro programa y compartir con nosotros esta información tan interesante.
Sra. Gómez:	De nada.

CAPÍTULO **10**
¡Que vivan los novios!

Locutora:	Queridos radioescuchas. Uds. han sintonizado KPGK, Radio Los Ángeles. Aquí les habla Dolores Alonso y bienvenidos a mi programa *Charlando con Dolores.* ¿Cómo están hoy? Quería comentarles que … que la semana pasada no estuve con Uds. porque fui a la boda de unos amigos. Y mientras estaba en la ceremonia, comencé a pensar en … en lo diferentes que son las bodas y las fiestas en los países hispanos. ¿No creen? Pues … ése será el tema de hoy y … quisiera pedirles que nos llamen para contarnos cuáles son las tradiciones típicas de una boda en su país, señor, en su país, señora. ¿Qué les parece? Entonces, estamos a la espera de su llamada. Llámenos al 443–3332. Sí, al 443–3332. Aquí vamos con la primera llamada. Adelante por favor, díganos su nombre.
Susana:	Sí, me llamo Susana y soy de Argentina. Voy a casarme dentro de seis meses.
Locutora:	Felicitaciones, Susana.
Susana:	Gracias, y en mi boda habrá un pastel, por supuesto, y este pastel tendrá muchas cintas.
Locutora:	¿Cintas en el pastel?
Susana:	Sí, tendrá como … como veinte cintas, más o menos. Las cintas tienen un dije cada una, o sea un adorno eh … una figurita de plástico que puede ser un elefante … una casa … una moneda.
Locutora:	¿Es decir que el dije está dentro del pastel y sólo se ve la cinta?
Susana:	Así es. Entonces, todas las mujeres solteras … sólo las solteras, tomarán una cinta y estarán todas alrededor del pastel y cuando, y cuando yo diga ¡Ya! todas tirarán de la cinta y una de las cintas tendrá un anillo de boda … falso, de juguete, por supuesto. Y la que se saque el anillo es la que se casará el año que viene.
Locutora:	O sea, la persona que tiene la cinta con el anillo es la que se va a casar el año próximo.

Susana:	Sí.
Locutora:	Curioso. Es como coger el ramo de flores en este país. Pero, ¡qué bonita tradición! ¿No les parece? ¿Y te vas a casar en los Estados Unidos?
Susana:	No, no, me voy a Argentina. Y primero está el casamiento por lo civil y dos días más tarde la ... la ceremonia en la iglesia. Allá la ceremonia religiosa empieza a eso de las ocho, nueve, nueve y media de la noche. Y luego a la fiesta. ¡Es tan divertida! Comemos, bailamos hasta las seis de la mañana y generalmente después se les ... se les sirve el desayuno a los invitados.
Locutora:	¡El desayuno!
Susana:	Sí, café con medialunas o algo por el estilo.
Locutora:	¡Desayuno después de la boda! ¡Qué increíble! Bueno ... bien, Susana. Mucha suerte en tu boda. Y ahora, a otra llamada. Adelante, por favor.
Agustín:	Sí, me llamo Agustín: y soy de México. Quería decirle que ... que soy de un pueblo muy pequeño donde ... donde hay gente que no tiene mucho dinero para gastar en una boda como la gente que vive en las ciudades que ... que tiene dinero para todo. Las bodas son acontecimientos, son acontecimientos ... ¿cómo le podría decir? ... Son ... son muy importantes en mi pueblo y para nosotros mientras más vengan a la boda mejor. Invitamos a mucha, mucha gente, no sólo a nuestros amigos íntimos, ¿ve? Invitamos a amigos ... primos ... vecinos ... Y algunas ... algunas personas llevan la comida, otros llevan la bebida, otros llevan las mesas, otros las sillas ...
Locutora:	Es decir que para muchos ese día es muy especial.
Agustín:	Sí, sí, muchos colaboran y hay mucha abundancia de comida y de bebida. Ayudándonos unos a otros no nos falta nada en absoluto.
Locutora:	Este espíritu de comunidad es admirable. Gracias por su llamada. Y ahora, estimados radioescuchas, nos vamos a una pausa. Regresamos enseguida.

CAPÍTULO 11
¿Coca o cocaína?

Ent.:	Como boliviano, ¿nos podría explicar la diferencia entre la coca y la cocaína?
Boliviano:	Bueno la coca es una ... es una hierba, una planta, como es una planta el café, como es una planta el té. La cocaína es la droga que a través de un proceso, a través de un proceso químico se extrae, se saca de la coca. La cocaína es como la cafeína es al café o cualquier droga que se saca de un elemento natural, de una cosa natural. Ehhhh ... La diferencia es grande, es decir la coca es una hoja verde que la mastican muchos habitantes de los países andinos, es decir Perú, Ecuador, Bolivia ... mastican la coca como ehhh ... en Estados Unidos hay gente que mastica tabaco y es como tomar un café fuerte. Más o menos. Por otro lado, está la cocaína, que es un derivado químico de la coca. Que ... bueno ... Esta es la parte ilegal. Es decir, por un lado hay que distinguir el uso tradicional, legal y correcto de la coca y por el otro el uso ilegal de la cocaína, que es un derivado de la coca. Eh ... La coca como, como hierba, como planta o como el café o el té, como cualquier otro tipo de planta parecida, es consumida en los países andinos sin ningún tipo de restricción legal. Uno puede ir a un mercado y comprarse medio kilo de coca, por ejemplo, y consumirla. El consumo, en general está

concentrado en las clases trabajadoras, que necesitan ese tipo de acompañante para aguantar jornadas de trabajo muy largas, jornadas continuas de trabajo sin dormir, etc. También es usada la coca, digo, entre, por ejemplo, estudiantes de la clase media ... yo incluso como estudiante cuando tenía que escribir un trabajo muy largo, y tenía que trasnochar ... quedarme despierto hasta muy tarde ... , masticaba coca en vez de tomar tres cafés fuertes ... masticaba coca o tomaba tres cafés fuertes ... es una elección como cualquier otra hierba.

Ent.: También es común que los turistas tomen coca, ¿verdad?

Boliviano: Algunas ciudades andinas eh ... al sur del Perú, pero sobre todo la capital de Bolivia, este ... son muy altas. Es decir, La Paz queda a 3.800 metros sobre el nivel del mar y el aeropuerto de La Paz, una ciudad tan alta, queda más alto inclusive, 4.100 metros del nivel del mar. Entonces cualquier turista o persona que no está acostumbrada a esa altura cuando llega, sufre una especie de mal que se llama soroche, que quiere decir, literalmente ... es una palabra que quiere decir mal de la altura. Que es una especie de indisposición con dolor de cabeza, etc. ... depende eh ... para ... y esto dura ... algunas personas no lo sufren, pero las personas que sí lo sufren cuando llegan a La Paz, eh ... eso les dura como dos o tres días. Pero una de las formas de, de aliviar rápidamente este soroche, o mal de la altura, es tomar mate de coca y todo el mundo lo hace ... es decir, todo el mundo lo recomienda. Es un mate, como puede ser un té, que consiste en agua hirviendo con unas hojas de coca. Uno toma eso y eso ayuda un poco para que se pase el mal de la altura.

Ent.: Claro, y la gente que no entiende muy bien el tema se confunde entre la coca y la cocaína.

Boliviano: Sí. El gobierno ha hecho campañas muy grandes para erradicar las plantaciones ilegales de coca, las plantaciones que se utilizan para la elaboración de la cocaína. Pero recuerde, la coca no es cocaína. Una vez, cuando la reina Sofía de España estuvo de visita por La Paz, como cualquier otro turista extranjero, tomó mate de coca. Y lo hizo a propósito diciendo que sabemos que esto no es una droga tal como se pretende convencer a la gente y entonces tomó un mate de coca porque estaba sufriendo soroche, mal de la altura, como todo extranjero que llega. Creo que para dentro de diez años el mundo ya habrá entendido la diferencia entre uno y otro.

CAPÍTULO 12
Un poema

Locutora: Estimados radioescuchas, Uds. saben que siempre tengo algo que me mandan Uds. para leerles. Ya sea una cartita, un e-mail ... Bueno, hoy quiero leerles un poema, sí, un poema muy interesante que me mandó el hijo de una poeta. La autora es Raquel Valle Sentíes y el poema se llama "Soy Como Soy y Qué". Comienzo.

Soy flor injertada que no pegó.
Soy mexicana sin serlo.
Soy americana sin sentirlo.
La música de mi pueblo,
la que me llena,
los huapangos, las rancheras,
el himno nacional mexicano,
hace que se me enchine el cuero,
que se me haga un nudo en la garganta,
que bailen mis pies al compás,
pero siento como quien se pone
sombrero ajeno.
Los mexicanos me miran como diciendo
¡Tú, no eres mexicana!
El himno nacional de Estados Unidos
también hace
que se me enchine el cuero,
que se me haga un nudo
en la garganta.
Los gringos me miran
como diciendo,
¡Tú no eres americana!
Se me arruga el alma.
En mí no caben dos patrias
como no cabrían dos amores.
Desgraciadamente,
no me siento ni de aquí
ni de allá.

Ni suficientemente mexicana.
Ni suficientemente americana.
Tendré que decir
Soy de la frontera.
De Laredo.
De un mundo extraño
ni mexicano,
ni americano.
Donde al caer la tarde
el olor a fajitas asadas con mesquite,
hace que se le haga a uno agua la boca.
Donde en el cumpleaños
lo mismo cantamos

el *Happy Birthday* que las mañanitas.
Donde festejamos en grande
el nacimiento de Jorge Washington
¿quién sabe por qué?
Donde a los foráneos
les entra *culture shock*
cuando pisan Laredo
y podrán vivir cincuenta años
aquí y seguirán siendo
foráneos.
Donde en muchos lugares
la bandera verde, blanca y colorada
vuela orgullosamente
al lado de la *red, white and blue.*

Soy como el Río Grande,
una vez parte de México,
desplazada.
Soy como un títere
jalado por los hilos de dos culturas
que chocan entre sí.
Soy la mestiza,
la pocha,
la *Tex-Mex,* la *Mexican-American,*
la *hyphenated,*
la que sufre
por no tener identidad propia
y lucha por encontrarla,
la que ya no quiere cerrar los ojos
a una realidad que golpea,
que hiere
la que no quiere andarse con tiento,
la que en Veracruz
defendía a Estados Unidos
con uñas y dientes.
La que en Laredo
defiende a México
con uñas y dientes.
Soy la contradicción andando.

En fin, como Laredo,
soy como soy y qué.

Y, ¿amigos? ¿les gustó? Llamen al programa para dar su opinión. Quiero que me digan lo que piensan. El teléfono de aquí es (956) 555-1212.

Workbook
Answer Key

CAPÍTULO PRELIMINAR

Actividad 1: 1. d, 2. f, 3. a, 4. b, 5. e.

Actividad 2: *Answers will vary but should begin as follows:* 1. Me llamo … 2. Mi apellido es … 3. Tengo … años. 4. Soy de … 5. Estoy en … año (de la universidad).

Actividad 3: Cómo, De dónde, cuál, Dónde, Por qué, Cómo.

Actividad 4: *Sample answers; some subjects may be in more than one category.*

Humanidades: alemán, arqueología, arte, cálculo, ciencias políticas, cine, comunicaciones, estudios de la mujer, estudios étnicos, filosofía, geometría analítica, historia, japonés, latín, lingüística, literatura, música, pedagogía, psicología, ruso, sociología, teatro, religión.

Ciencias: anatomía, antropología, astronomía, cálculo, computación, geometría analítica, ingeniería, química, zoología.

Negocios: administración de empresas, computación, contabilidad, economía, mercadeo, relaciones públicas.

Actividad 5: *Answers will vary, but may contain the following:* 1. Curso (*list of courses*). 2. Mi especialización es (*your major*). / No sé todavía. / No tengo idea. 3. (*Subject*) es la materia más difícil para mí. / Para mí, (*subject*) es la materia más difícil. 4. (*Subject*) es la materia más fácil para mí. / Para mí, (*subject*) es la materia más fácil. 5. (*Subject*) es la especialización más fácil de la universidad. 6. (*Subject*) es la especialización más popular de la universidad.

Actividad 6: 1. a, c, h, j; 2. h; 3. f; 4. b, d, g, i; 5. e, f.

Actividad 7: *Answers will vary.*

Actividad 8: 1. Es a las ocho y media. 2. Es a las diez menos cuarto. 3. Termina a la una y cuarto. 4. Cursa karate a las cuatro. 5. Estudia negocios. 6. Puede almorzar a la una y media.

Actividad 9: **Parte A:** 1. ti; 2. A mí; 3. a, nos; 4. A, le; 5. A, les; 6. A, le; 7. A, a mí; 8. A, a, les; 9. A ellos/ ellas/Uds. ; 10. Al, a la, les. **Parte B:** 1. caen mal, 2. fascinan, 3. molesta, 4. encantan, 5. interesa, 6. importan, 7. fascina. **Parte C:** *Answers will vary; they must combine any phrase from Parte A with any phrase from Parte B to form logical and grammatically correct sentences.*

Actividad 10: *Answers will vary, but verbs should be singular for items 1, 2, 5, 7 and 8. All the other items use plural verb forms.*

Actividad 11: *Answers will vary according to your opinions. Make sure that each adjective agrees with the noun it modifies in each sentence.* 1. pl./masc. adj., 2. sing./fem. adj., 3. sing./masc. adj., 4. sing./fem. adj., 5. pl./masc. adj.

Actividad 12: *Answers will vary according to your situation. Possible answers include:* 1. Sí, voy a cambiar mi horario este semestre. / Me gusta mi horario, por eso, no voy a cambiar nada. 2. Voy a cursar (*list of classes*). 3. (*Name of professor*) va a dar los exámenes más difíciles este semestre. 4. Voy a recibir una buena nota en (*class or list of classes*). 5. Voy a tener mi primer examen del semestre el (*date*) de (*month*) en la clase de (*name of class*).

Actividad 13: *Answers will vary. Remember to check subject-verb agreement, article-noun agreement, and adjective-noun agreement. If you are in doubt about the gender (masc./fem.) of a word, look it up in your textbook's Spanish-English vocabulary.*

Actividad 14: *Answers will vary according to your situation. Possible answers include:* 1. Me encantan (*list of classes*). / Me encanta (*name of one class*). / No me gustan mis clases. 2. (*Subject*) es mi clase más fácil. 3. (*Subject*) es mi clase más difícil. 4. Sí, me caen bien (*mis profesores*). / Me cae(n) bien mi(s) profesor(es) de (*class or list of classes*), pero no me gusta(n) (*class or list of classes*). 5. Mi clase más grande es (*name of class*). Hay (*number*) estudiantes. 6. Mi clase más pequeña es (*name of class*). Hay (*number*) estudiantes. 7. Sí, voy a cambiar algunas clases. / Sí, voy a dejar una clase. / No, no voy a cambiar nada. 8. No, no me molesta nada. / Sí, me molesta (*complaint*).

CAPÍTULO 1

Actividad 1: Conoces, conozco; 2. salen, salimos, salimos, salgo; 3. esquía, esquío, esquío (*note the accents needed to break up the diphthongs; to review accents and diphthongs, see the Appendix D in your text*); 4. visitas, visito; 5. escoger, escojo (*note the need for a j in the* **yo** *form—the soft g sound is spelled* **ja, ge, gi, jo, ju**); 6. ves, Veo.

Actividad 2: *Answers will vary according to your opinions. Which category sentences are placed in may vary according to your opinion and the habits of your particular group of friends. Verb forms included may be:* ahorran, alquilan, asisten, bailan, comen, escuchan, estudian, faltan, flirtean, gastan, hacen, participan, pasan, practican, sacan, salen, trabajan, viven.

Actividad 3: *Answers will vary according to your opinions.*

Actividad 4: *Answers will vary but should follow these patterns:* 1. Estudio … horas por semana normalmente. 2. Falto a muchas/pocas clases. 3. Participo en las discusiones./No hablo mucho. 4. Escojo clases con profesores buenos e inteligentes. /Escojo clases fáciles. 5. Hago investigación al último momento/con anticipación. 6. Paso muchas noches en vela antes de mis exámenes./No, no paso muchas noches en vela. Estudio con anticipación. 7. Saco buenas notas/notas regulares. *Second and third parts of question will vary according to your study habits.*

Actividad 5: **Párrafo 1:** soy, está, compartimos, asisto/voy, falta, va/asiste, toman, fotocopia. **Párrafo 2:** escoge, hacer, escoge, molesta, sale, bailan, comen, beben, manejan, gastan, pasa. **Párrafo 3:** soy, sé, sacar, discutimos.

Actividad 6: *Answers will vary. Sentences may begin as follows:* 1. (Mis padres/Ellos) viven en … Hace … años que viven allí. Sí/No, no me gusta la ciudad. 2. (Mi padre) está jubilado. Hace … años que está jubilado. / Mi padre trabaja en (*name place*) y es (*occupation*). Hace … años que trabaja allí. *Use a similar pattern as the above when speaking about your mother's work history.* 3. Hace … años/meses que estudio en esta universidad. Vivo en un apartamento/una residencia estudiantil/la casa de mis padres. Hace … años/meses que vivo allí. 4. Vivo con mi compañero/a (*name*) / mis amigos/as (*names*) / mis hermanos/as (*names*) /etc. Me caen bien porque son muy simpáticos/as (*or other positive adjective*). No me caen bien porque son muy antipáticos (*or other negative adjectives*).

Actividad 7: **Partes A, B: e > ie:** cerrar, comenzar, empezar, entender, pensar, perder, preferir, querer, tener*, venir*. **o > ue:** almorzar, costar, dormir, encontrar, poder, probar, soler, volver, **e > i:** decir*, elegir*, pedir, repetir, seguir*, servir. **u > ue:** jugar. **Verbos sin cambios de raíz:** ahorrar, compartir, conocer*, manejar, sacar.

Actividad 8: 1. entienden; 2. piensan, pensamos; 3. empieza, Empieza, empiezan; 4. ahorra, ahorro; 5. Comparte, comparte; 6. dice, decimos; 7. Vienen, viene, venimos.

Actividad 9: **Párrafo 1:** puedes, es, van, prueba, entiende, empezar. **Párrafo 2:** quieres, debes, pide, sigues, vas a cerrar/cierras, eres.

Actividad 10:
Answers will vary. Possible answers may include: 1. Ellos (no) duermen bien todas las noches. Nosotros (no) dormimos … 2. Ellos (no) suelen beber mucho alcohol en las fiestas. Nosotros (no) solemos beber … 3. Ellos (no) tienen mucho tiempo libre. Nosotros (no) tenemos … 4. Ellos (no) quieren vivir en las residencias estudiantiles. Nosotros (no) queremos vivir … 5. Ellos (no) prefieren alquilar apartamento. Nosotros (no) preferimos … 6. Ellos (no) suelen participar en actividades culturales de la universidad. Nosotros (no) solemos participar … 7. Ellos (no) piensan en la ecología. Nosotros (no) pensamos … 8. Ellos (no) piensan votar en las siguientes elecciones. Nosotros (no) pensamos votar … *NOTE: When both answers in the first part are positive, the second may end with the word* **también**. *When both answers are negative, the second may end with the word* **tampoco**. *Answer to last question will vary.*

Actividad 11: *Answers will vary. All should begin with* **Me gustaría** + *infinitive.*

Actividad 12: *Answers will vary. All should begin with* **Para el año 2015, quisiera** + *infinitive.*

Actividad 13: *Answers will vary. First-column responses begin with* **Tengo que** + *infinitive; second-column responses begin with* **Tiene que** + *infinitive.*

Actividad 14: *Answers will vary. Possible answers may include:* 1. Sí, nos gustaría ir al teatro (mañana por la noche), pero no podemos porque tenemos que + *infinitive*. 2. No, no puedo porque tengo que + *infinitive*.

Actividad 15: *Answers will vary but should begin as follows:* 1. Mi especialización es … /No sé todavía. 2. Me gustaría ser … porque … 3. No me gustaría ser … porque … 4. Quisiera vivir en … porque …

Actividad 16: 1. abuelo, abuela; 2. bisabuela; 3. padres, divorciados; 4. suego; 5. yerno; 6. nuera; 7. cuñado; 8. hija única; 9. divorciada; 10. casado, hijo. Algo extra: Gómez García.

Actividad 17: 1. hija; 2. hija única; 3. madrastra; 4. sobrino político, casado, sobrina; 5. separada (*as of press time*); 6. hermanos; 7. viuda, muerto.

Actividad 18: *Answers will vary according to your family tree. Possible answers may include:* 1. Mis abuelos paternos se llaman (*name*) y (*name*). Mis abuelos maternos se llaman (*name*) y (*name*). Mis bisabuelos se llaman (*four names*). /No sé cómo se llaman mis bisabuelos. (*Names*) están vivos y (*names*) están muertos. / Todos están muertos. / Todos están vivos. / Mis bisabuelos están muertos, pero mis abuelos están vivos. 2. Mis abuelos maternos tienen (*number*) nieto/a/os/as. *Same answer pattern for second question,* change **maternos** to **paternos**. 3. Sí, tengo (*number*) hermano/a/os/as casado/a/os/as. / No, mis hermanos no están casados. 4. Tengo (*number*) sobrinos. Ellos tiene (*number*) años. 5. Sí, tengo hermanastros. / No, no tengo hermanastros. 6. Sí, tengo (*number*) tío/a/os/as divorciado/a/os/as / No, no tengo tíos divorciados. 7. Mi primo/a favorito/a es (*name*). *Second part of question will vary.*

Actividad 19: 1. médicos/doctores, 2. actrices, 3. militares, 4. hombres de negocios, 5. científicos, 6. escritores/autores, 7. artistas/pintores, 8. directores, 9. políticos, 10. arquitectos, 11. enfermera.

Actividad 20: *Answers will vary but should start with* Es una persona que.

Actividad 21: 1. pelirroja, 2. barba, 3. patillas, 4. calvo, 5. tatuajes, 6. cicatriz, 7. ojos azules, 8. bigotes.

Actividad 22: *Sample answers:* **Ramón:** Color de pelo: negro; Señas particulares: parcialmente calvo, cola de caballo, patillas, bigotes, cicatriz debajo de un ojo. **María Elena:** Color de pelo: rubia; Señas particulares: pelo largo y rizado con flequillo, pecas, frenillos, lunar encima/arriba y a la derecha de la boca, tatuaje de una rosa en el cuello.

Actividad 23: *Answers will vary. Remember to check subject-verb, article-noun, and adjective-noun agreement.*

Actividad 24: 1. a, a la; 2. —, a, a; 3. Al, —, 4. —, —, A; 5. —; 6. —, —, —, a.

Actividad 25: Parte A: Párrafo 1: a, —, a, al. **Párrafo 2:** —, —, —, A los. **Párrafo 3:** A, A, a, a, —, a, —. **Párrafo 4:** a, —, —, a, a, —. **Párrafo 5:** a la, al, a, a. **Parte B:** 1. la ciudad; 2. Paula, Alberto, amigos, dos puntos; 3. amigos.

Actividad 26: *Sample answers:*
1. — ¿Quieres comer albóndigas con papas esta noche?
   — No, todas las noches las como y cuando voy a casa de la abuela, las prepara también.
   — Bueno, esta noche tienes que comerlas o salir forzosamente al mercado a comprar algo.
2. — ¿Cuándo vas a terminar la redacción?
   — La estoy terminando/Estoy terminándola ahora mismo.
   — ¿Para cuándo la quiere la profesora Zamora?
   — Creo que (ella) dice que la quiere para el viernes. Antes de entregarla, voy a llamar a Gloria para oír su opinión. (Ella) siempre lee mis redacciones y las comenta.

Actividad 27: *Answers will vary.* 1. … me llaman más por teléfono que … 2. … me invitan a salir más que … 3. … me conocen mejor que … 4. … me critican sin ofenderme más que … 5. … me respetan más como individuo que …

Actividad 28: 1. XX (iniciales) me quiere más que nadie en el mundo. 2. XX quiere visitarme (me quiere visitar) en este momento. 3. XX me va a invitar (va a invitarme) a salir este fin de semana. 4. XX me está buscando (está buscándome) ahora mismo y no me puede localizar.

Actividad 29: Parte A: 1. Sí, (No, no) nos saluda. 2. Sí, (No, no) nos vigila … 3. Sí, (No, no) nos atiende con cortesía. 4. Nos atiende con eficiencia./Nos hace esperar. **Parte B:** *Answers will vary.*

Actividad 30: Parte A: *Answers will vary.* **Parte B:** *Answers will vary. Remember to check subject-verb, article-noun, and adjective-noun agreement.*

CAPÍTULO 2

Actividad 1: *Answers will vary. Possible* **yo** *forms include:* me afeito, limpio, dejo, me baño, me despierto, hago, me cepillo, pongo, apago, lavo, quito, me duermo, me acuesto, me maquillo, me siento, miro, me lavo. *Possible forms for* **mi compañero/a** *include:* se afeita, limpia, deja, se baña, se despierta, hace, se cepilla, pone, apaga, lava, quita, se duerme, se acuesta, se maquilla, se sienta, mira, se lava.

Actividad 2: Párrafo 1: nos ocupamos, nos aburrimos, me divierto, nos sentimos, se ríe. **Párrafo 2:** se ríe, se equivoca, se queja, darse. **Párrafo 3:** me quejo, se preocupa, se acuerda, se ocupa, me siento. **Párrafo 4:** nos reunimos, nos vamos, nos quejamos. **Párrafo 5:** me olvido, Te acuerdas, te reúnes, me doy.

Actividad 3: *Sentences will vary but should begin as follows:* 1. se divierten, Nos divertimos … 2. se reúnen, Nos reunimos en … 3. se interesan, Nos interesamos por … 4. van, Vamos a … 5. se quejan, Nos quejamos de … 6. se sienten, Nos sentimos porque …

Actividad 4: Parte A: *Possible answers include:* 1. Me aburro con las películas documentales / la gente que bebe demasiado alcohol. 2. Me doy cuenta de los problemas raciales de este país / el consumo de drogas ilegales. 3. Me divierto con mis compañeros / las comedias de la televisión. 4. Me preocupo por los problemas raciales de este país / el consumo de drogas ilegales / la ecología. 5. Me preparo para la escuela de posgrado. 6. Me río de mis compañeros / los políticos que mienten / las comedias de la televisión.
Parte B: *Answers will vary, verb phrases will be as follow:* Se aburre, Se da cuenta de, Se divierte, Se preocupa por, Se prepara para, Se ríe de.

Actividad 5: *Answers will vary, but may start as follows:* 1. Me enojo cuando … 2. Sí, (No, no) me aburro cuando estoy solo/a. 3. (No, no) Me siento mal / (No, no) Me preocupo. 4. Sí, me preocupo por las personas menos afortunadas. Yo … / No, no me preocupo por las personas menos afortunadas. 5. Si me equivoco, me río de mis errores / me siento como un/a tonto/a. 6. Me olvido de … 7. Sí, (No, no) me acuerdo de comprar tarjetas y regalos de cumpleaños para mis amigos y parientes. 8. Si me siento mal, prefiero estar acompañado / acompañada / solo / sola.

Actividad 6: 1. Los actores están maquillándose/se están maquillando. 2. Los músicos están tocando una canción. 3. La gente de taquilla está vendiendo entradas. 4. Los camareros del bar están sirviendo bebidas. 5. El público está leyendo el programa. 6. Los actores están vistiéndose/se están vistiendo. 7. El crítico está sacando un cuaderno y un bolígrafo.

Actividad 7: *Answers will vary. Possible answers include: Logical subject* + se pasa la vida / vive + cantando ópera / riéndose de todo / llorando / hablando de los demás / criticando a mis amigos / bebiendo cerveza / jugando con la computadora.

Actividad 8: *Answers will vary.*

Actividad 9: 1. calzoncillos, chaleco, sostén; 2. chaleco, frac, vestido de fiesta; 3. botón, cierre, cuello, solapa; 4. cordones, suelas.

Actividad 10: *Answers will vary.*

Actividad 11: *Answers will vary; samples:* 1. Sí, (No, no) paro para mirar vitrinas. 2. La calidad/La marca es más importante cuando compro ropa. 3. La compro enseguida./No la compro enseguida; espero las rebajas. 4. Sí, siempre/muchas veces/normalmente/a veces compro ropa que está de moda. 5. Me emociona más comprar una prenda bonita/obtener una ganga. 6. Suelo pedir ropa de catálogos./Tengo que probarme la ropa primero, por eso no pido mucha ropa de catálogos. 7. Combino bien la ropa./Necesito ayuda porque no combino bien la ropa. 8. Sí, llevo alguna prenda que esté pasada de moda pero que me gusta./No, no llevo ninguna prenda que está pasada de moda.

Actividad 12: *Answers will vary.*

Actividad 13: 1. deshecha, 2. descompuesto, 3. resueltos, 4. abierta, 5. dispuesto, 6. preparada.

Actividad 14: 1. Mis padres están frustrados. 2. Mi padre siempre está bien vestido. 3. La tienda está abierta después de las 9:00 de la mañana. 4. La tienda está cerrada después de las 7:00. 5. Las cosas más caras están puestas cerca de la puerta. 6. La computadora siempre está rota. 7. Las ventas están envueltas en papel con el logotipo de la tienda.

Actividad 15: **Parte A:** *Answers will vary according to your opinions.* **Parte B:** *Answers will vary. Remember to carefully check adjective-noun agreement.*

Actividad 16: *Sample answers:* 1. Vicki es mayor que Maribel. / Maribel es menor que Vicki. 2. Maribel es más eficiente que Vicki. 3. Vicki es mejor con los clientes que Maribel. 4. Vicki escribe más rápidamente que Maribel. 5. Maribel gana tanto (dinero) como Vicki. 6. Maribel trabaja tantas horas como Vicki. 7. Maribel está dispuesta a trabajar más horas extras que Vicki.

Actividad 17: *Sample Answers:* 1. Costa Rica (CR) es más grande que El Salvador (ES). 2. ES tiene más habitantes que CR./CR tiene menos habitantes que ES. 3. ES tiene más mestizos que CR. 4. ES tiene más indígenas que CR. 5. CR tiene más blancos que ES. 6. ES tiene menos negros que CR. 7. CR tiene más asiáticos que ES. 8. CR tiene más católicos que ES. 9. ES tiene más personas que no saben leer que CR./CR tiene más personas que saben leer que ES.

Actividad 18: **Parte A:** *State your own opinion. Possible answers or useful phrases include:* 1. Vivir en una ciudad / las afueras es más peligroso que vivir … Una ciudad es más peligrosa que … 2. Las escuelas son mejores en las afueras / una ciudad que en … Las afueras tienen / Una ciudad tiene mejores escuelas que … 3. Las casas son más caras en las afueras / ciudades que … 4. Una ciudad tiene mejor transporte público que … / El transporte público es mejor en las ciudades que en … 5. Una ciudad es tan divertida como las afueras. 6. Hay más contaminación en una ciudad que … 7. Vivir en las afueras es más tranquilo que vivir en … / Una ciudad es más tranquila que … 8. Hay más variedad étnica en una ciudad que … 9. Hay más posibilidades de trabajo en una ciudad que … **Parte B:** Es mejor vivir en una ciudad porque … Es mejor vivir en las afueras porque … *Remember that* **porque** *means "because" and that* **por qué** *means "why."*

Actividad 19: *Answers will vary.*

Actividad 20: *Answers will vary. Remember to check adjective-noun agreement. Use* **más/menos … que** *when comparing two people; use* **el/la más/menos de la familia** *when discussing more than two people; use* **tan … como** *when making a comparison of equality. Remember not to use* **más/menos** *with irregular forms like* **mejor** *or* **peor.**

Actividad 21: *Sample answers:* 1. … ofrece las mejores actividades culturales (de las tres ciudades). 2. … es la más costosa para vivir (de las tres ciudades). 3. … tiene el mejor sistema de transporte público (de las tres ciudades). 4. … tiene los mejores restaurantes de otros países (de las tres ciudades). 5. … tiene las mejores tiendas (de las tres ciudades).

Actividad 22: *Sample answers:* 1. Cuál, Argentina es más grande que Ecuador. 2. Qué, Es una chaqueta y se lleva cuando hace mal tiempo. 3. Cuál, Panamá tiene un canal. 4. qué, Está en Madrid. 5. cuáles, La línea ecuatorial pasa por Ecuador, Colombia y Brasil. 6. Qué, En Puerto Rico usan el dólar norteamericano. 7. Qué, **Mestizo** significa una persona que tiene sangre blanca (europea) e indígena. 8. Qué, La mayoría de los hispanoamericanos son católicos. 9. Cuál, *Answer will vary.*

Actividad 23: *Answers will vary. Remember to check subject-verb agreement, article-noun agreement, and adjective-noun agreement. Also check to see whether you have included too many obvious subjects or subject pronouns; delete any that you feel are repetitive.*

CAPÍTULO 3

Actividad 1: 1. A, 2. D, 3. C, 4. B, 5. A, 6. A, 7. B, 8. D, 9. A.

Actividad 2: Nació, Nació, Se casaron, iniciaron, unieron, Nació, vencieron, expulsó, financió, Se casaron, Murió, Subieron, Murió, se volvió, asumió, Contrajo (*conjugated like* **traer**), Murió.

Actividad 3: 1. atacó, 2. ganó, 3. jugó, 4. compitieron, 5. recibió, 6. empezó, 7. se retiró, 8. nombró. (*Stem-changing verbs ending in* **-ar** *and* **-er** *have no changes in the preterit. Stem-changing verbs ending in* **-ir** *have a change only in the third person preterit forms; this is the second change noted in the vocabulary list entries:* **competir [i, i]***).*

Actividad 4: *Answers will vary; sample verb forms:*
1. busqué, discutí, vi, toqué, comí, entregué, sufrí, me enfermé; 2. gané, viví, comencé, empecé/dejé, viajé, alquilé, asistí.

Actividad 5: *Answers will vary; sample verb forms:*
1. me quedé, se quedó; 2. mentí, mintió; 3. hice, hizo; 4. llevé, llevó; 5. conocí, conoció; 6. supe, supo; 7. no pude, no pudo; 8. me divertí, se divirtió.

Actividad 6: *Answers will vary.*

Actividad 7: **Parte A:** *Answers will vary; all should be in the preterit.* **Parte B:** *Answers will vary. Did you overuse the pronoun* yo? *If so, delete the extra pronouns.*

Actividad 8: *Answers will vary. Possible answers include:* 1. Ya había sacado el permiso de manejar cuando terminé el segundo año de la escuela secundaria. 2. Ya había visitado la universidad cuando solicité el ingreso. 3. Ya había tomado los exámenes de SAT (ACT) cuando cumplí los 18 años. 4. Ya había decidido a qué universidad iba a ir cuando me gradué de la escuela secundaria. 5. Ya había cumplido los 17 años cuando terminé la escuela secundaria. 6. Ya había empezado los estudios universitarios cuando decidí mi especialización. / Todavía no sé mi especialización.

Actividad 9: *Answers will vary; samples:* 1. aztecas, griegos, incas, mayas, romanos; 2. aztecas, griegos, incas, ingleses, portugueses, romanos; 3. griegos, ingleses, portugueses; 4. aztecas, griegos, incas, ingleses, portugueses, romanos; 5. griegos, ingleses, portugueses.

Actividad 10: *Answers will vary.*

Actividad 11: 1. Pasteur descubrió la existencia de microorganismos. 2. Marconi inventó el telégrafo. 3. Newton descubrió la ley de la gravedad. 4. Einstein inventó la teoría de la relatividad. 5. Bell inventó el teléfono.

Actividad 12: *Answers will vary; samples.* 1. Los clérigos españoles fundaron misiones en el continente americano. 2. Los conquistadores explotaron a los indígenas. 3. Los ingleses colonizaron la India. 4. Los moros invadieron la Península Ibérica. 5. Los portugueses exploraron Brasil. 6. Los ingleses importaron a los esclavos negros para trabajar.

Actividad 13: *Answers will vary depending on the year in which you are taking this course.* 1. inició, Hace ... años que la corona española inició la Inquisición. 2. llegó, Hace ... años que Magallanes llegó a las Islas Filipinas. 3. inició, Hace ... años que inició la exploración de Texas. 4. liberó, Hace ... años que Bolívar liberó Venezuela. 5. logró, Hace ... años que Guinea Ecuatorial logró su independencia total.

Actividad 14: **Parte A:** *Answers will vary.*
Parte B: *Verbs forms may include:* Era/n la/s ... cuando me levanté, me puse, visité, compré, oí, empecé, almorcé, anduve, cené, asistí, pedí, fui, llegué, me desvestí, me acosté.

Actividad 15: **Parte A:** *Answers will vary.*
1. Tenía ... años cuando empecé a ... 2. Tenía ... años cuando mis padres me dejaron ... 3. Tenía ... años cuando pasé ... 4. Tenía ... años cuando alguien me habló ... 5. Tenía ... años cuando un/a chico/a me besó ... 6. Tenía ... años cuando mis padres me permitieron ... 7. Tenía ... años cuando abrí ... 8. Tenía ... años cuando conseguí ... **Parte B:** *Answers will vary.*

Actividad 16: **Parte A:** *Answers will vary. Verbs forms are:* 1. fui, 2. me hice, 3. fui, 4. usé, 5. comí, 6. me quemé, 7. hice. **Parte B:** *Answers will vary.*

Actividad 17: **Parte A:** *Answers will vary according to what you did last Tuesday.* **Parte B:** *Answers will vary. Verb forms may include:* me desperté, fui, trabajé, mandé, cené, hice, almorcé, tuve, vi, saqué, me acosté.

Actividad 18: *Answers will vary.*

CAPÍTULO 4

Actividad 1: **Parte A:** *Answers will vary.* 1. Ayer a las nueve y cuarto estaba ... 2. Ayer a la una menos veinte estaba ... 3. Ayer a las cinco y media de la tarde estaba ... 4. Ayer a las nueve y cuarto de la noche estaba ... **Parte B:** *Answers will vary.*

Actividad 2: 1. La cajera vendía/estaba vendiendo cheques de viajero mientras al recepcionista contestaba/estaba contestando al teléfono. 2. Un empleado comía/estaba comiendo un sándwich mientras su compañera preparaba/estaba preparando un informe. 3. Un empleado hacía/estaba haciendo fotocopias mientras otro empleado calmaba/estaba calmando a un cliente histérico. 4. El director entrevistaba/estaba entrevistando a un posible empleado mientras una cliente recibía/estaba recibiendo información sobre viajes.

Actividad 3: 1. El lunes, mientras intentaba/estaba intentando sacar dinero de un cajero automático, la máquina se tragó su tarjeta. 2. El martes, mientras manejaba/estaba manejando al trabajo, el motor empezó a quemarse. 3. El miércoles, mientras subía/estaba subiendo al autobús, se cayó y se rompió la pierna derecha. 4. El jueves, mientras comía/estaba comiendo en la cama del hospital, el paciente de al lado sufrió un ataque cardíaco. 5. El viernes, mientras volvía/estaba volviendo a casa en taxi desde el hospital, tuvo un accidente de tráfico y se rompió la pierna izquierda.

Actividad 4: 1. Algunas personas bajaban/estaban bajando en ascensores y se quedaron atrapadas. 2. Algunas personas miraban/estaban mirando una película en el cine y no pudieron ver el final. 3. Un cirujano operaba/estaba operando a un paciente y tuvo que conectar el sistema eléctrico de emergencia. 4. Algunas personas viajaban/estaban viajando en metro y tuvieron que tomar el autobús. 5. Algunas personas dormían/estaban durmiendo y no supieron qué ocurrió hasta el día siguiente. 6. *Answers will vary.*

Actividad 5: *Answers will vary. The first paragraph should refer to past habitual actions and use the imperfect. The second paragraph should refer to present actions and use the present indicative. Avoid repeating* **mi madre;** *delete this phrase when obvious, substitute* **ella,** *or just use a verb without a subject pronoun.*

Actividad 6: *Answers will vary. Possible partial answers include:* Cuando estaba en la escuela secundaria, cortaba césped / cuidaba niños / lavaba carros / limpiaba mesas / repartía periódicos / era camarero/a / servía helado / trabajaba en una gasolinera. Ahora soy …

Actividad 7: *Answers will vary. Possible partial answers include:* 1. Me gustaba/n el inglés, las matemáticas, la historia, el coro, el arte, etc. 2. No me gustaba/n el inglés, las mátematicas, etc. 3. No, no (Sí,) era muy travieso/a. *Answers to second part will vary.* 4. Sí, practicaba (*sport*). Sí, ganamos el (*name of championship*). / (No, no) ganamos ningún campeonato o torneo. 5. No, no (Sí,) actué en una obra de teatro. Hice el papel de (*name of character*) en (*name of play or musical comedy*). 6. No, no (Sí,) trabajaba fuera de la escuela. Yo trabajaba para (*name of business*). Tenía que (*list responsibilities, use infinitives*).

Actividad 8: **Párrafo 1:** Había, tenían, se llamaba, tenía, pidió, dijeron, bajó, decidió. **Párrafo 2:** admiraban, pusieron, era, molestaba, eran, sabía, subía, rezaba. **Párrafo 3:** dieron, enseñó, construyó, se hicieron, se sentía, quería. **Párrafo 4:** estaba, se durmió, tuvo, caminaba, vio, pareció, estaban, notó, entraban, llevaban, guardaban. **Párrafo 5:** se despertó, se levantó, caminó, esperaba, vio. **Párrafo 6:** pidió, se convirtió, pudo, salió, tomó, llevó, llegó, quiso, puso. **Párrafo 7:** salió, descubrió, comprendió, era, tenían.

Actividad 9: *Answers will vary.*

Actividad 10: *Answers will vary.*

Actividad 11: *Answers will vary.* 1. Me aburro cuando … 2. Me enojo cuando …

Actividad 12: *Answers will vary. Possible partial answers include:* 1. Creo que … 2. Comprometerse significa … Normalmente/Generalmente la gente se compromete (*time period*) antes de casarse. No, no (Sí,) tengo amigos que están comprometidos. Sí, (No, no) es necesario estar enamorado para estar comprometido. 3. En mi opinión, la mayoría de la gente se casa en vez de simplemente vivir juntos porque … 4. En mi opinión, la gente se divorcia más hoy en día porque …, … y … 5. Creo que hay muchas personas famosas que están divorciadas porque …

Actividad 13: 1. Se puso enferma. 2. Se puso histérico y furioso. 3. Se volvió ciega. 4. Nos pusimos contentos.

Actividad 14: 1. Llegó a ser senador federal. 2. Se volvió loco. 3. Se hizo/Llegó a ser muy respetada profesionalmente. 4. Se puso contento.

Actividad 15: **Partes A, B:** *Answers will vary. Make sure that adjectives agree with the nouns they modify.*

Actividad 16: *Answers will vary.*

Actividad 17: 1. Estás, está, está; 2. está, es, están; 3. Está/Estaba, estaba; 4. estoy; 5. Está, está.

Actividad 18: son, son, es, son, son, estaba/estuvo (*depends on speaker's point of view: preterit = defined time period, imperfect = description*), es, estaba/estuvo, estaban, estabas, estoy/estaba, están.

Actividad 19: nos, le, nos, le, me/nos, me, les, les, nos, nos.

Actividad 20: *Answers will vary. Possible partial answers include:* 1. Les hago regalos a (*names or relations:* a mis padres, a mis hermanos, a mis parientes) para su cumpleaños y para Navidad. 2. (*Name*) me dio el regalo más ridículo. Era un/a (*item*). 3. El regalo más tonto que compré fue un/a (*item*). Le di el/la (*item*) a (*name*). Al recibirlo, él/ella … 4. No, ninguno de mis parientes tiene mal gusto. / Sí, mi (*relative*) tiene mal gusto. No, no (Sí,) me compra ropa de regalo. La última prenda que me regaló fue (*clothes item*) que era (*description*).

Actividad 21: **Parte A:** **Párrafo 1:** nació, era, hablaban, era, trabajaba, recogían, exportaban, pasaban, cultivaban, pagaban, eran, trataban, se murió. **Párrafo 2:** tenía, eligieron, se fue, empezó, llegó, controlaban. **Párrafo 3:** iban, comenzó. **Párrafo 4:** empezaron, llegó, llamaron/llamaban, quisieron/querían. **Párrafo 5:** arrestaron, torturaron, miraban, tenía, murió, raptaron, mataron, dieron. **Párrafo 6:** tuvo, estaban, sabía, iban, huyó, empezó, llegó, reconocieron, ganó. **Parte B:** *Answers will vary.*

CAPÍTULO 5

Actividad 1: viaje, nos mudemos, empleen, vivir, busquen, pida, pedir, almorcemos, haga, presentar.

Actividad 2: 1. saques, 2. averigües, 3. compres, 4. tengas, 5. saber.

Actividad 3: **Partes A, B:** *Answers will vary. All require the present subjunctive, except for item 2, which needs the infinitive since there is no change of subject.*

Actividad 4: **Partes A, B:** *Answers will vary. Subjunctive verb forms that may be used in Part B include:* que tenga, que le guste, que respete, que sea, que quiera, que no fume, que sepa, que no mire, que se divierta, que se vista, que comparta, que toque, que no consuma.

Actividad 5: Parte A: traiga, consiga, trabaje, tener, actúe (*accent needed to break the diphthong*), gane, me divierta. **Parte B:** *Answers will vary. Remember to use the infinitive if there is no change of subject.*

Actividad 6: *Answers will vary.*

Actividad 7: 1. Te digo que hagas la cama. 2. Te digo que bajes el volumen. 3. Les digo que no molesten a su hermano. 4. Les digo que limpien el baño. 5. Te digo que no le pegues a tu hermano. 6. Les digo que saquen la basura. 7. Te digo que practiques la lección de piano esta noche.

Actividad 8: 1. Nos dice que observemos la clase de un colega y que escribamos una evaluación. 2. Nos dice que cada profesor prepare el examen final para su clase. 3. Nos dice que el examen no tenga más de seis páginas. 4. Nos dice que hagamos dos versiones del examen final. 5. Nos dice que la fecha del examen es el 17 de diciembre. 6. Nos dice que vigilemos a los estudiantes durante el examen porque los alumnos se copian. 7. Nos dice que corrijamos el examen minuciosamente. 8. Nos dice que recibimos/vamos a recibir el último cheque el 15 de diciembre.

Actividad 9: 1. Resistan, tengan, dejen; 2. Rechacen; 3. le pidan; (*object pronouns precede negative commands*); 4. conduzcan; 5. consuman; 6. coman; 7. Recuerden; 8. Dense (*object pronouns follow and are attached to affirmative commands*).

Actividad 10: 1. No toquen. 2. No estacionen. 3. No entren. 4. No repartan propaganda. 5. No hablen. 6. No consuman bebidas alcohólicas. 7. No pongan anuncios. 8. No hagan grafiti.

Actividad 11: 1. No coma/Deje de comer comidas picantes. 2. No tome café ni otras bebidas con cafeína. 3. Prepare comidas sanas. 4. No haga actividades que produzcan tensión en su vida. 5. Pase más tiempo con sus amigos y menos tiempo en el trabajo. 6. Camine por lo menos cinco kilómetros al día.

Actividad 12: Parte A: *Answers will vary. Most verbs will be in the imperfect form to describe habitual and repetitive actions.* **Parte B:** *Answers will vary. All commands will be in the* **Ud.** *form.*

Actividad 13: 1. ¡No lo toques! 2. ¡Dale las gracias a la señora! 3. ¡Pónganse la chaqueta! 4. ¡Ten cuidado porque esto quema! 5. ¡No juegues con la comida! 6. ¡No entregues la tarea tarde! 7. ¡Hazlo ya! 8. ¡Sácate el dedo de la nariz! 9. ¡Escúchenme! 10. ¡Di la verdad y no mientas más!

Actividad 14: 1. Haz la tarea, no salgas a divertirte. 2. Dile mentiras a tu pareja. 3. No te pongas un par de jeans y camiseta para ir a la fiesta. 4. Hazle favores a Raúl. 5. Ve al trabajo el sábado, no vengas con nosotros a la playa.

Actividad 15: 1. Bájala. 2. No la dejes en el suelo del baño. 3. Límpiala. 4. No fumes en la cocina. 5. Recógelo. 6. Ve a la lavandería. 7. No la saques por la tarde. 8. Sácala por la mañana temprano.

Actividad 16: 1. *formal, plural;* ¡No crucen! 2. *informal, singular;* ¡No metas la mano! 3. *formal, plural;* ¡Pongan las manos en alto! 4. *informal, plural;* ¡No jueguen con fósforos! 5. *formal, plural;* ¡No se acerquen más! 6. *informal, singular;* ¡No lo toques! 7. *informal, singular;* ¡Sal de allí!

Actividad 17: *Answers will vary.*

Actividad 18: *Answers will vary. Sample:* 1. helado, chocolate, galletas (*cookies*), flan, mango, pan tostado con mermelada, piña; 2. limón; 3. arroz con frijoles, brócoli, carne, huevos, papas fritas, sopa de pollo, pizza, galletas (*crackers*), arroz con verduras.

Actividad 19: 1. botella, lata; 2. botella, frasco de plástico, lata; 3. lata, paquete; 4. lata; 5. paquete; 6. frasco de plástico, lata; 7. botella, frasco de plástico; 8. botella.

Actividad 20: 1. la carne por kilo. 2. la leche por litro. 3. las especias por gramo. 4. las verduras por kilo.

Actividad 21: Parte A: *Verb forms include:* 1. comí, 2. suelo comprar, 3. consumo/bebo, 4. suelo comer, 5. son, suelo comerlas, 6. suelo tomar, 7. es, 8. desayuno, almuerzo, ceno. **Parte B:** Tengo buenos hábitos alimenticios y no debo cambiar nada. / Tengo malos hábitos alimenticios y puedo / debo / tengo que + *infinitive* para llevar una vida más sana.

Actividad 22: Se pone, se calienta, se cortan, Se añade, se pica, Se fríen, se baten, Se agrega, se quitan, se mezclan, Se saca, Se echa, se pone, Se cocina, se reduce, Se deja, Se sirve.

Actividad 23: *Answers will vary. Remember to check subject-verb, article-noun, and adjective-noun agreement. In* **Párrafo 2,** *remember to use the subjunctive if there is a change of subject; otherwise, use the infinitive. In* **Párrafo 3,** *use* **tú** *commands. Remember to place object pronouns before negative commands, but place them after and attached to affirmative commands (note: accents may be needed).*

CAPÍTULO 6

Actividad 1: Parte A: 1. estar; 2. cruce; 3. pare, pida; 4. haya; 5. haya; 6. abuse; 7. vivir; 8. exista; 9. encontrar; 10. deje. **Parte B:** *Answers will vary. Two types of answers are possible. First, answers with no change of subject take an infinitive:* Tengo miedo de / Temo caminar solo/a de noche. *Second, answers with a change of subject take the subjunctive:* Tengo miedo de que / Temo que haya más violencia en esta ciudad.

Actividad 2: hagan, haya, votar, explique, paguemos, estén, trabajen, esté, ocurra, solucione.

Actividad 3: Parte A: *Answers will vary.*
Parte B: *Possible responses include:* Es bueno / Es lamentable / etc. que el nivel de la enseñanza en los Estados Unidos sea más bajo cada año / que los americanos gocen de un nivel de vida muy alto / que el consumo de drogas ilegales sea un gran problema para todo el mundo / que los políticos sean corruptos / que los grupos como la Organización Nacional del Rifle tengan demasiado poder / que en este país aclaremos nuestros valores y principios morales / que haya separación de Estado e Iglesia en los Estados Unidos / que los políticos gasten demasiado dinero en las campañas políticas.

Actividad 4: Parte A: *Answers will vary.*
Parte B: *Sentences should start with* Es raro / Es bueno / Es normal / Es lamentable *according to your opinion. Partial answers include:* 1. que un padre esté totalmente de acuerdo con las acciones de sus hijos porque ... 2. que un niño de 12 años toque música de Bach porque ... 3. que un estudiante universitario tenga más de lo necesario para pagar todos sus gastos porque ... 4. que una mujer con hijos trabaje fuera de casa porque ... 5. que una persona lleve una pistola consigo en los Estados Unidos porque ... 6. que los jóvenes se rebelen contra la autoridad porque ...

Actividad 5: Partes A, B, C: *All answers need the subjunctive. Remember: use the present subjunctive if the event is ongoing* (Me alegra que muchos países tengan gobiernos democráticos.), *and use the present subjunctive to refer to future hopes and desires* (Ojalá que las personas puedan vivir en paz en África.).

Actividad 6: *Answers will vary, but all necessitate the use of the subjunctive with* **haber** + *past participle. Possible answers may include:* que Edison haya inventado ..., que hayan muerto ..., que Hitler y Mussolini hayan perdido ..., que los españoles hayan traído ..., que los científicos hayan inventado ..., que los indígenas les hayan mostrado ..., que Óscar Arias y Rigoberta Menchú hayan recibido ...

Actividad 7: Parte A: *Answers will vary. Use the preterit to describe occurrences that took place in the past.*
Parte B: *Answers will vary. Use* **haber** + *past participle to refer to past events.*

Actividad 8: 1. conocer, hayan regalado, tenga; 2. haya, hayan aprendido, haya; 3. haya funcionado, tengan, tenga; 4. tengan, sepan, encanten, aprendan.

Actividad 9: *Answers will vary. Sentences about positive experiences will begin with phrases like:* **Es bueno que, Es fantástico que, Me alegra que.** *Sentences about negative experiences will begin with phrases like:* **Me molesta que, Es una pena que, Es lamentable que.** *Answers should contain* **hayan** + *past participle to refer to past events and practices.*

Actividad 10: *Answers will vary according to current world situations. If you are unsure of answers, ask your friends or consult library sources or the Internet.*

Actividad 11: Parte A: *All should be marked C.*
Parte B: *To express a positive reaction to the data presented, start sentences with:* **Me alegra que, Es bueno que, Es fantástico que, Es maravilloso que, ¡Qué bueno que ... !** *To express a negative reaction, start sentences with:* **Es una pena que, Es lamentable que, Me da pena que, Lamento que, Es horrible que.** *To express surprise, use:* **Me sorprende que.** *All dependent clauses should be as follows:* 1. que Costa Rica tenga ... 2. que tanto Panamá como Costa Rica no tengan ... 3. que en Argentina exista ... 4. que la CIA haya participado ... 5. que ... Gabriel García Márquez ... no haya podido ... 6. que ... las campañas electorales en España hayan durado ...

Actividad 12: *Answers will begin with* **Me sorprende que, Es una lástima que, No me importa que,** *depending on your opinions.* 1. ... un político pague pocos impuestos porque ... 2. ... haya corrupción en muchos sectores del gobierno porque ... 3. ... los candidatos presidenciales gasten mucho dinero en su campaña electoral porque ... 4. ... un político tenga una aventura amorosa porque ... 5. ... otro país contribuya dinero a la campaña electoral de un candidato porque ...

Actividad 13: *Answers will vary. You will most likely need the present subjunctive in your responses, unless you refer to a past occurrence, in which case you would need present perfect subjunctive.*

Actividad 14: Parte A: *Order will vary.*
Parte B: *Answers will vary. To express a sense of urgency, start sentences with expressions such as:* **Es preciso, Es importante.** *To express a hope or desire, use:* **Quiero, Espero, Ojalá.** *All dependent clauses should be in the present subjunctive. For example:* ... que los países como los EE. UU., Rusia, Alemania o Japón no vendan tantas armas al Tercer Mundo, ... que protejamos mejor el medio ambiente, especialmente el de las zonas tropicales. *NOTE: The word* **que** *can be omitted after* **ojalá.**

Actividad 15: 1. establezca, sea; 2. va, va, ofrezca/ haya ofrecido, lleve; 3. exista, haya existido, miente.

Actividad 16: Parte A: *Answers will vary.*
Parte B: *Answers will vary. Sentences using* **es cierto que, es evidente que, no cabe duda (de) que,** *and* **creo que** *all take the indicative since no doubt is implied. The subjunctive is used after expressions of doubt like* **no creo que, no es posible que,** *and* **no es verdad que.** *All answers will use the present indicative or the present subjunctive depending on whether you express certainty or doubt. Possible verb forms:* 1. ... que se gasta / gaste ... 2. ... que hay / haya ... 3. ... que invierten / inviertan ... 4. ... que puede / pueda ... 5. ... que se debe / deba ... 6. ... que existe / exista ...

Actividad 17: Parte A: *Answers will vary. All sentences will use the indicative since no doubt is implied.*

Possible beginning phrases include: **No cabe duda (de) que, Creo que, Es evidente que, Es cierto que, Es verdad que, Estoy seguro/a de que. Parte B:** *Answers will vary. All sentences will use the subjunctive since doubt is implied. Possible beginning phrases include:* **Dudo que, No es posible que, No creo que.**

Actividad 18: *Answers will vary. Use the preterit, and perhaps the imperfect, in your responses.*

Actividad 19: *Answers will vary. Use the preterit, and perhaps the imperfect, in your responses.*

Actividad 20: 1. Rosa Parks fue una activista que se sentó en la parte delantera de un autobús para protestar contra la discriminación. 2. Georgia O'Keefe fue una artista que pintó cuadros de flores y escenas del suroeste de los Estados Unidos. 3. Alvin Ailey fue un coreógrafo que llevó muchas innovaciones al mundo del baile. 4. Lucille Ball fue una comediante que nos hizo reír con sus programas de televisión. 5. Jesse James fue un ladrón que robó bancos en el oeste de los Estados Unidos.

Actividad 21: *Answers will vary but will begin as follows:* 1. Un partido en el cual participé ... 2. Un/a profesor/a especial con quien (el/la que/cual) estudié ... 3. Una persona a quien besé ... 4. Un concierto inolvidable que oí ... 5. Un restaurante elegante en el cual (el que) comí ...

Actividad 22: Parte A: estén, que, quienes, puedan, tengan, formen, haya construido, haya iniciado, hayan abierto, haya bajado, haya respetado, apoyan, mentir, los cuales, poder, la que, debemos, podamos.
Parte B: *Answers will vary.*

CAPÍTULO 7

Actividad 1: nadie, no/nunca/jamás, algunos, algunos, ninguno, algún, alguien, Nunca/Jamás, nadie.

Actividad 2: Parte A: *Answers will vary.*
Parte B: *Answers will vary. Possible responses include:* Lo siento, no conozco a ningún (*occupation*). / Lo siento, no conozco a nadie. / Sí, mi (*specify relation*) es (*occupation*) y te puede ayudar. etc. *Professions described for each item are as follows:* 1. mecánico, 2. médico/doctor, 3. electricista, 4. psicólogo/sicólogo, 5. plomero, 6. contador, 7. fotógrafo, 8. carpintero/plomero/obrero (*general laborer, handyman*).

Actividad 3: Parte A: *Answers will vary.* **Parte B:** *Answers will vary. Sentences should contain present-tense verb forms:* 1. compro, 2. como, 3. acampo, 4. participo, 5. reciclo, 6. camino, 7. apago, 8. les escribo, 9. voto, 10. compro. **Parte C:** *Answers will vary. May contain the following:* Respeto el medio ambiente porque siempre ... y jamás ... También a menudo ...

Actividad 4: Parte A: *Answers will vary; only four should be marked.* **Parte B:** *Answers will vary. Sentences*

that describe yourself should use the indicative. For example: Soy estudiante. Me gusta ... Trabajo ... *Sentences that describe the person you are looking for may start with the following phrases:* Busco una persona ..., Necesito un/a compañero/a ... *They may end with the following phrases:* que sea mujer; que sea hombre; que sepa cocinar; a quien le guste hacer fiestas; que tenga televisor; que sea ordenado/a; que pague las cuentas a tiempo; que respete mi intimidad; que no traiga amigos a casa; que no les tenga alergia a los gatos.

Actividad 5: *Answers will vary. Possible responses include:* 1. sepa; Sí, ... habla japonés. / No, no conozco a nadie que hable japonés. 2. haya estudiado; Sí, ... estudió en (*South American country*) el año pasado. / No, no conozco a nadie que haya estudiado en Suramérica el año pasado. 3. haga; Sí, ... hace surf. / No, no tengo ninguna amiga que haga surf. 4. sea; Sí, suelo comer con ... y es vegetariano/a. / No, no suelo comer con nadie que sea vegetariano. 5. haya conseguido; Sí, ... consiguió un buen trabajo para el verano que viene. / No, no conozco a nadie que haya conseguido un buen trabajo para el verano que viene.

Actividad 6: *The questions are as follows, but the answers to each will vary.* 1. ¿Crees que haya mucha gente que sea completamente honrada? 2. ¿Crees que haya padres que no les compren juguetes bélicos a sus hijos? 3. ¿Crees que haya mucha gente que tenga un arma en su casa? 4. ¿Crees que haya mujeres de más de 50 años que puedan tener hijos? 5. ¿Crees que haya muchos estudiantes que paguen más de $35.000 al año por sus estudios?

Actividad 7: *Answers will vary. Check subject-verb, adjective-noun, and article-noun agreement. Sentences may begin with:* Busco/Necesito un/a profesor/a de español que + *subjunctive (to refer to present actions or practices) or present perfect subjunctive (to refer to past actions or practices). For example:* Busco un profesor que sea divertido, que hable bien y que haya vivido en un país de habla española.

Actividad 8: *Answers will vary; all require the present subjunctive.*

Actividad 9: *Answers will vary. Use the present subjunctive to refer to present actions or practices. Use the present perfect subjunctive to refer to past actions or practices.*

Actividad 10: *Answers will vary. Possible responses include:* 1. tenga; Sí, ... tiene más de cien años. / No, no hay nadie de mi familia que tenga ... 2. viva; Sí, ... vive en un asilo de ancianos. / No, no hay nadie de mi familia que viva ... 3. lleve; Sí, ... lleva casado/a más de cincuenta años. / No, no hay nadie de mi familia que lleve ... 4. haya sido; Sí, ... fue presidente de una compañía. / No, no hay nadie de mi familia que haya sido ... 5. trabaje; Sí, ... trabaja como voluntario/a. / No, no hay nadie de mi familia que trabaje ... 6. esté;

Sí, … está embarazada en este momento. / No, no hay nadie de mi familia que esté embarazada …
7. se haya graduado; Sí, … se graduó en esta universidad. / No, no hay nadie de mi familia que se haya graduado …

Actividad 11: 1. llegamos (*habitual action*) , 2. se duche (*pending action*), 3. esté (*pending action*), 4. quieres (*habitual action*), tirar (*infinitive needed after the preposition* **hasta**).

Actividad 12: *Answers will vary but should begin as follows since actions are pending:* 1. Cuando me gradúe, voy a + *infinitive* … 2. Cuando empiece un trabajo nuevo, voy a + *infinitive* … 3. Cuando me mude a otra ciudad, voy a + *infinitive* … 4. Cuando vea a mis abuelos, voy a + *infinitive* …

Actividad 13: *Answers will vary, but should begin as follows:* 1. Voy a tener hijos cuando + *present subjunctive* … 2. Voy a seguir estudiando mientras + *present subjunctive* … 3. Voy a trabajar hasta que + *present subjunctive* … 4. Voy a jubilarme tan pronto como + *present subjunctive* …

Actividad 14: Parte A: *Answers will vary; use the imperfect to describe habitual past actions.* **Parte B:** *Answers will vary; use the present indicative to discuss habitual present actions.* **Parte C:** *Answers will vary; use the present subjunctive to discuss pending actions.*

Actividad 15: 1. ¿Todavía les quedan algunas linternas? Sí, nos quedan algunas. 2. ¿Todavía les quedan algunos sacos de dormir? No, no nos queda ninguno. 3. ¿Todavía les quedan algunas tiendas de campaña? No, no nos queda ninguna. 4. ¿Todavía les quedan algunas navajas suizas? Sí, nos quedan algunas. 5. ¿Todavía les quedan algunas tablas de surf? No, no nos queda ninguna. 6. ¿Todavía les quedan algunas bicicletas de carrera? Sí, nos quedan algunas. 7. ¿Todavía les quedan algunas mochilas? No, no nos queda ninguna. 8. ¿Todavía les quedan algunos carteles de animales en peligro de extinción? No, no nos queda ninguno.

Actividad 16: *Answers will vary. Samples:* 1. acampar, bucear, escalar, hacer alas delta, hacer esquí acuático, hacer surf, jugar al basquetbol, jugar al béisbol, montar en bicicleta; 2. acampar, escalar, hacer esquí alpino, hacer esquí nórdico, hacer snowboard, jugar al basquetbol; 3. bucear, hacer esquí acuático, hacer surf; 4. bucear, hacer esquí acuático; 5. acampar, escalar, hacer alas delta, hacer esquí alpino, hacer esquí nórdico, hacer snowboard, montar en bicicleta.

Actividad 17: Parte A: *All answers should be marked* C. **Parte B:** *Answers will vary.*

Actividad 18: *Answers will vary; use the present subjunctive or the present perfect subjunctive to describe the person you are looking for.*

Actividad 19: Parte A: 1. Rogelio; 2. Rogelio, la linterna; 3. Rogelio, la linterna; 4. Rogelio y Marcos; 5. Yo (Mariana); 6. la madre (de Mariana), el regalo; 7. la madre (de Mariana), el regalo; 8. Marcos; 9. Marcos, el artículo. **Parte B:** te, le, Se, la, Le, lo, te, me, la, Te.

Actividad 20: ya los compré; ya se lo mandé; se los pedí; Voy a hacerlo mañana/el sábado/etc.; comprártela; me lo entregaron.

Actividad 21: 1. El que/Quien; 2. Lo que; 3. lo cual; 4. El que/Quien, Quien/El que.

Actividad 22: Partes A, B, C: *Answers will vary.*

CAPÍTULO 8

Actividad 1: Parte A: *Answer will vary.*
Parte B: *Answers will vary. Items 1–2 require the present subjunctive; item 3 requires the infinitive, since a preposition is always followed directly by an infinitive.*

Actividad 2: *Answers will vary. Items 1–3 require the present subjunctive; item 4 requires the infinitive.*

Actividad 3: *Answers will vary. Items 1, 2, 4, 6, 7, 9, 11, and 12 require the present subjunctive; items 3, 5, 8, and 10 require the infinitive.*

Actividad 4: *Answers will vary. All require the present subjunctive.*

Actividad 5: *Answers will vary. All require the present subjunctive.*

Actividad 6: Parte A: *Answers will vary; all should include the present perfect. Past participles in a verb phrase always end in* **-o.** 1. he corrido, 2. he pasado, 3. he tocado, 4. he hecho, 5. me he teñido (*object pronouns precede the conjugated verb*), 6. he llamado, 7. he escalado, 8. he buceado. **Parte B:** *Answers will vary.*

Actividad 7: *Answers will vary; all contain the present perfect.* 1. ¿Has buscado trabajo en esta universidad alguna vez? Sí/No, nunca he buscado … 2. ¿Has solicitado un puesto de camarero/a alguna vez? Sí/No, nunca he solicitado … 3. ¿Has negociado para conseguir un mejor sueldo alguna vez? Sí/No, nunca he negociado … 4. ¿Has escrito un curriculum para un empleo alguna vez? Sí/No, nunca he escrito … 5. ¿Has trabajado para alguien de tu familia alguna vez? Sí/No, nunca he trabajado … 6. ¿Has obtenido visa para trabajar en otro país alguna vez? Sí/No, nunca he obtenido … 7. ¿Has tenido un conflicto laboral alguna vez? Sí/No, nunca he tenido … 8. ¿Has mentido para no ir a trabajar alguna vez? Sí/No, nunca he mentido …

Actividad 8: *Answers will vary, but may include the following:* 1. Ya he tomado / he terminado / he estudiado / les he pedido / he escrito / he asistido / he hecho / he cursado / he pagado / he hablado / he obtenido / he escrito ... 2. Todavía tengo que + *infinitive* ...

Actividad 9: *Answers will vary.*

Actividad 10: **Partes A, B:** *Answers will vary.*

Actividad 11: **Parte A:** *Answers will vary. Possible answers may include:* 1. Busco trabajo de ... este verano. / Busco un trabajo que + *subjunctive*. 2. Quiero trabajar tiempo completo / medio tiempo. 3. Me gustaría ganar ... al mes. 4. Sí, quiero tener (*list benefits*). 5. Va a ser fácil / difícil (encontrar el trabajo que quiero). 6. Hay más oferta / demanda (en esos puestos). 7. Voy a buscar el trabajo ... **Parte B:** *Answers will vary. Possible answers may include:* 1. Ya he escrito un curriculum. / Todavía tengo que escribir un curriculum. 2. Ya he pedido tres ... / Todavía tengo que pedir tres ... 3. Ya he completado ... / Todavía tengo que completar ... 4. Ya he tenido ... / Todavía tengo que tener ...

Actividad 12: **Partes A, B:** *Answers will vary.*

Actividad 13: *Answers will vary.*

Actividad 14: 1. para, 2. por, 3. por, 4. para, 5. por, 6. para, 7. por, 8. por, 9. para.

Actividad 15: **Parte A:** para/por, por, por, para/por, para, por, para. **Parte B:** *Answers will vary.*

Actividad 16: 1. por; Sí, (No, no) paso la aspiradora por él/ella. 2. para; Sí, (No, no) anoto mensajes para él/ella. 3. por; Sí, (No, no) las lavo por él/ella. 4. para; Sí, (No, no) los llevo a casa para ... 5. para; Sí, (No, no) tomo apuntes en clase para ... 6. por; Sí, (No, no) hago la compra por él/ella. 7. para; Sí, (No, no) he preparado una fiesta para ...

Actividad 17: 1. Ana y Pepe se miran. 2. Raúl los mira. 3. Beto se mira. 4. Jorge la besa. 5. Pablo y Paco se abrazan. 6. Enrique, Marta y Luz se hablan.

Actividad 18: *Answers will vary.*

Actividad 19: me, me, Nos, nos, me, Le, te, le, te, le, me, se, nos, nos.

Actividad 20: **Parte A:** *Answers will vary; all should contain the present perfect (**Nunca he** + past participle).* **Partes B, C:** *Answers will vary. Use the subjunctive after adverbial conjunctions like **antes de que** and the infinitive after prepositions like **para**.*

CAPÍTULO 9

*While doing this chapter on art, remember that **arte** always takes the article **el** and is frequently modified by a masculine adjective (**el arte moderno**), but that **artes** takes the article **las** and is modified by a feminine adjective (**las bellas artes, las artes plásticas**).*

Actividad 1: **Parte A:** recibiera, desarrollara, copiara, entendiera, viera, representaran, conociera, se

enfrentara, viera. **Parte B:** *Answers will vary.*

Actividad 2: *Answers will vary.* 1. *present indicative.* 2. *present indicative (check adjective agreement).* 3. Goya quería que + *imperfect subjunctive* ... 4. Creo que + *present indicative* ... / No creo que + *present subjunctive* ... 5. Creo que + *present indicative* ... / No creo que + *present subjunctive* ...

Actividad 3: 1. ponga/pongan; 2. haya llegado; 3. diéramos; 4. incluyera, haya hecho/hiciera; 5. sirva; 6. representara.

Actividad 4: 1. ofreciera, 2. diéramos (*note accent*) 3. encuentre, 4. pudieras, 5. asistieran, 6. invites, 7. viajara.

Actividad 5: *Answers will vary. Possible responses include:* 1. Mis padres querían que yo aprendiera a tocar un instrumento musical. 2. Mi entrenador esperaba que yo llegara a tiempo a los entrenamientos. 3. Mis profesores exigían que yo entregara los trabajos a tiempo. 4. Mis padres prohibían que yo consumiera drogas. 5. Mi entrenador insistía en que yo trabajara al máximo. 6. Mis padres esperaban que yo asistiera a la universidad. 7. Mi entrenador prohibía que yo tomara alcohol. 8. Mis padres querían que yo trabajara durante los veranos.

Actividad 6: *Answers will vary; all include the imperfect subjunctive.*

Actividad 7: **Parte A:** *Answers will vary.* **Parte B:** *Answers will vary. Possible responses include:* Busqué una universidad ... que tuviera una matrícula barata / que tuviera buena calidad de educación / que ofreciera una buena vida extracurricular / que tuviera residencias bonitas / que tuviera buenas fiestas / que tuviera una filosofía liberal / que tuviera buenos laboratorios / que ofreciera un buen programa deportivo / que estuviera cerca de ... / que ofreciera becas / que tuviera sistema griego / que tuviera una ciudad universitaria bonita / que tuviera una filosofía conservadora / que tuviera buen sistema de computadoras. *Note: You can also use the phrase* donde existiera(n) *in sentences like:* Buscaba una universidad donde existieran buenos laboratorios / ... existiera una filosofía conservadora / un buen sistema de computadoras.

Actividad 8: *Answers will vary.* 1. *imperfect subjunctive,* 2. *present subjunctive,* 3. *imperfect subjunctive,* 4. *present subjunctive,* 5. *imperfect subjunctive,* 6. *present subjunctive.*

Actividad 9: **Parte A:** 1. que su arte educara al público. 2. ... que su arte provocara interés en un tema. 3. ... que su arte criticara las injusticias sociales. 4. ... que su arte entretuviera al público. 5. ... que el arte inspirara la creencia en lo divino. 6. ... que el arte inculcara valores morales. 7. ... que el arte mostrara el camino al cielo. 8. ... que el arte les llevara la palabra de Dios a los analfabetos. 9. ... que el arte sirviera de propaganda. 10. ... que el arte no contradijera su ideología. 11. ... que el arte glorificara hechos históricos. 12. ... que el arte inspirara actos patrióticos. **Parte B:** *Answers will vary.*

Actividad 10: pensaba, sabía, iban, podía, había invitado, había llamado, había encontrado, había dejado, iba, dudaba, fuera, era, tuviera.

Actividad 11: 1. Dijo que no quería que le dijeras lo que tenía que hacer. 2. Insistió en que no lo criticaras tanto delante de otras personas. 3. Exigió que te ocuparas más de tus proyectos. 4. Dijo que era preciso que no tardaras tanto tiempo en comer. 5. Dijo que no quería tomar mensajes personales para ti.

Actividad 12: Parte A: 1. preguntó, 2. preguntó, 3. preguntó, 4. preguntó, 5. pidió, 6. pidió, 7. pidió, 8. pidió. **Parte B:** 1. gustaba, 2. fascinaba, 3. había estudiado, 4. quería, 5. prestara.

Actividad 13: 1. b, 2. f, 3. g, 4. e, 5. d, 6. c.

Actividad 14: 1. artesano, 2. imagen, 3. autorretrato, 4. crítica, 5. artista, 6. símbolo.

Actividad 15: *Answers will vary.*

Actividad 16: *Answers will vary.*

Actividad 17: *Answers will vary.*

Actividad 18: 1. El cuadro *Las meninas* fue pintado por Velázquez. 2. *La piedad* fue esculpida por Miguel Ángel. 3. Las esculturas del Parque Güell en Barcelona fueron creadas por Antonio Gaudí. 4. El mosaico gigantesco de la Biblioteca de la Universidad Nacional Autónoma de México fue hecho por Juan O'Gorman. 5. "Livin' la Vida Loca" fue cantada por Ricky Martin. 6. El Museo Guggenheim de Bilbao fue diseñado por Frank Gehry. 7. Un mural fue hecho para el Centro Rockefeller en Nueva York por Diego Rivera, pero fue cubierto y luego (fue) quitado por Nelson Rockefeller porque tenía la imagen de Lenín.

Actividad 19: 1. Por un lado, por el otro; 2. por casualidad; 3. por si acaso; 4. por lo menos; 5. Por cierto.

Actividad 20: *Answers will vary.*

CAPÍTULO 10

Actividad 1: Parte A: *Answers will vary.*
Parte B: *For all items marked* **sí/no** *in* **Parte A,** *use the future tense in responses:* trabajaré, viviré, haré, tendré, participaré, dedicaré. *For all items marked* **es posible,** *use* **es posible que** *followed by present subjunctive:* que trabaje, que viva, que haga, que tenga, que participe, que dedique (*verbs ending in* -car *change* c *to* -qu *before* e *to preserve the hard* c *sound*).

Actividad 2: Parte A: 1. Juan no comerá comidas altas en calorías. 2. Paulina encontrará trabajo.

3. Julián dejará de fumar. 4. José Manuel se irá de la casa de sus padres y buscará un apartamento. 5. Josefina mejorará su vida social y hará nuevos amigos. 6. Jorge dirá siempre la verdad. 7. Marta irá más al teatro. 8. Angelita comerá menos en restaurantes y así podrá ahorrar más dinero.
Parte B: *Answers will vary. Use the future tense.*

Actividad 3: *Answers will vary. Sample verb forms:* 1. verán, tendrán; 2. mandarán, tardarán; 3. llevarán; 4. pagarán; 5. usarán; 6. se harán.

Actividad 4: Parte A: *Answers will vary.*
Parte B: *Answers will vary. Possible responses include:* Seré calvo/a, gordo/a, activo/a, musculoso/a, delgado/a, sedentario/a, débil. Tendré arrugas, pelo canoso, vista perfecta. Llevaré gafas.

Actividad 5: *Answers will vary. Possible answers include:* 1. No creo que haya violencia en las ciudades en el futuro. En mi opinión, + *future* ... / Creo que siempre habrá violencia ... 2. Dudo que haya muchos niños sin casa en el futuro. En mi opinión, + *future* ... / Creo que siempre habrá niños ... 3. No creo que la televisión tenga un impacto negativo en el futuro. En mi opinión, + *future* ... / Creo que la televisión siempre tendrá ... 4. Dudo que exista un agujero en la capa de ozono. En mi opinión, + *future* ... / Creo que siempre existirá un agujero ... 5. No creo que caiga lluvia ácida en el futuro. En mi opinión, + *future* ... / Creo que siempre caerá ...

Actividad 6: 1. Carmen iría a ver al jefe de facultad y se quejaría. Sara aceptaría la nota y no haría nada. Yo ... 2. Carmen sacaría el dinero y la dejaría allí. Sara robaría el dinero, pero llamaría a la persona que la perdió para devolverle el resto del contenido. Yo ... 3. Carmen compraría un gato casi igual y no le diría nada. Sara diría que otra persona lo mató. Yo ...

Actividad 7: *Answers will vary. Use the conditional.*

Actividad 8: *Answers will vary. Each piece of advice should begin with* **Yo que tú,** + *conditional.*

Actividad 9: *Answers will vary. Possible responses are:* 1. ¿Me podrías hacer un sándwich? / Querría que me hicieras ... / Me gustaría que me hicieras ... 2. ¿Me podrías dar 1.000 pesos? / Querría que me dieras ... / Me gustaría que me dieras ... 3. ¿Me podrías cambiar el canal? / Querría que me cambiaras ... / Me gustaría que me cambiaras ... 4. ¿Me podrías decir dónde está mi chaqueta? / Querría que me dijeras ... / Me gustaría que me dijeras ...

Actividad 10: Parte A: *Answers will vary depending on what time you did the assignment. Samples:* Es la una de la mañana. / Son las dos de la tarde.
Parte B: *Answers will vary. Use the future of probability.* Será/n la/s ... **Parte C:** *Answers will vary. Possible verbs are:* estará bailando / bailará; estará comiendo / comerá; estará despertándose / se despertará; estará

durmiendo / dormirá; estará mirando / mirará; estará trabajando / trabajará.

Actividad 11: *Answers will vary. Use the future of probability; use the verb* **estar** *to state where a person is.*

Actividad 12: **Parte A:** *Answers will vary.*
Parte B: *Answers will vary. Possible verb forms include:* participaría, hablaría, tendría, saldría, haría, actuaría

Actividad 13: *Answers will vary. Possible phrases include:* 1. Serían las … cuando Peter se despertó. 2. Serían las … / Sería la una cuando tuvo que comer con un profesor. 3. Serían las … cuando salió de la escuela. 4. Serían las … cuando regresó a casa. 5. Serían las … cuando apagó la luz.

Actividad 14: *Answers will vary. Sample:* 1. Pro: Los maestros en muchas guarderías tienen títulos universitarios y los niños aprenden mucho. *If you use a phrase to express your opinion, remember: Use the indicative after expressions of certainty like* **creo que, estoy seguro/a que, es obvio que, es verdad que;** *use the present subjunctive after expressions of doubt like* **no creo que, no estoy seguro/a (de) que, no es verdad que.**

Actividad 15: *Answers will vary.*

Actividad 16: *Answers will vary.*

Actividad 17: es, sabe, es, será, gustaría, podría

Actividad 18: *Answers will vary.*

Actividad 19: *Answers will vary. All should be in the conditional.*

Actividad 20: *Answers will vary. Possible phrases include:* 1. Si fuera un color, sería … porque + *present indicative* … 2. Si pudiera ser un animal, me gustaría ser un/a … porque + *present indicative* … 3. Si fuera un instrumento musical, sería un/a … porque + *present indicative* …

Actividad 21: **Parte A:** *Answers will vary.* **Parte B:** *Answers will vary. Use* **si** + *imperfect subjunctive, followed by the conditional. Sample:* Si yo fuera Robin Williams, haría una película dirigida por Pedro Almodóvar.

CAPÍTULO 11

Actividad 1: **Parte A:** 1. El hombre habrá llegado a Marte. 2. El dinero tal como lo conocemos hoy, habrá dejado de existir. 3. Todo el mundo habrá comprado un teléfono celular. 4. Nosotros habremos instalado paneles de energía solar en todos los edificios y casas. 5. Habremos dejado de recibir cartas por correo. **Parte B:** *Answers will vary.*

Actividad 2: *Answers will vary. Use* **habré** + *past participle.*

Actividad 3: *Answers will vary, beginning as follows and ending with the preterit or imperfect:* 1. Paco habría

ido a clase toda la semana pasada, pero … 2. Margarita e Isabel se habrían presentado para el examen, pero … 3. Carlos habría aprobado el examen, pero … 4. Olga habría entregado su trabajo escrito a tiempo, pero … 5. Jorge habría ido a la oficina de su profesora, pero …

Actividad 4: 1. Si (yo) hubiera pasado más tiempo con él, nosotros nos habríamos comunicado mejor. 2. Si (yo) lo hubiera escuchado, habría sabido cuáles eran sus problemas. 3. Si (yo) hubiera sabido cuáles eran sus problems, le habría pedido ayuda a un psicólogo. 4. Si (yo) le hubiera pedido ayuda a un psicólogo, no habría pasado todo eso.

Actividad 5: *Answers will vary. Use* **si** + *pluperfect subjunctive, followed by the conditional perfect.*

Actividad 6: *Answers will vary. Possible answers may include:* 1. Tengo … hermano/a/os/as. / Soy hijo/a único/a. Si hubiera sido hijo/a único/a, habría + *past participle* … / Si hubiera tenido hermanos, habría + *past participle* … 2. Me crié en un pueblo / una ciudad. Si hubiera crecido en un pueblo / una ciudad, habría + *past participle* … 3. Si no hubiera asistido a la universidad, habría + *past participle* … 4. Si hubiera tenido padres más / menos estrictos, habría + *past participle* …

Actividad 7: 1. hubiera prohibido, habría bailado; 2. hubiera sufrido, habrían tenido; 3. se hubiera escapado, se habría muerto.

Actividad 8: **Parte A:** *Answers will vary. Use the preterit or imperfect.* **Parte B:** *Answers will vary; sample:* Si yo hubiera sido Abraham Lincoln, no habría ido al Teatro Ford esa noche.

Actividad 9: **Partes A, B:** *Answers will vary. Use* **si** + *pluperfect subjunctive, followed by the conditional perfect.*

Actividad 10: **Parte A:** *Sample answers:* 1. Con zapatos Nike Ud. correrá como si tuviera alas. 2. Crest le dejará los dientes como si fueran perlas. 3. En el restaurante El Inca Ud. cenará como si estuviera en Perú. 4. En el Hotel Paz Ud. dormirá como si fuera un bebé. 5. Con el curso Kaplan Ud. aprobará su examen como si fuera Einstein. 6. En el club Planeta Ud. escuchará salsa como si estuviera en el Caribe. 7. En los cines de IMAX Ud. se sentirá como si fuera parte de la película. **Parte B:** *Answers will vary. Use* **como si** + *imperfect subjunctive in your ads.*

Actividad 11: *Answers will vary. Use* **como si** + *imperfect subjunctive.*

Actividad 12: **Parte A:** *Answers will vary.* **Parte B:** *Answers will vary. Possible sentences may include:* Mis padres hubieran querido/preferido que yo hubiera pasado …, hubiera prestado …, me hubiera vestido …, me hubiera llevado …, hubiera compartido …, hubiera mostrado …, hubiera manejado …, hubiera escogido …, hubiera tenido …, hubiera tocado …, hubiera tomado …, no hubiera visto …, no hubiera practicado ..., hubiera sido ... **Parte C:** Si tuviera hijos, (no) les haría las mismas exigencias que me hicieron mis padres porque ...

Actividad 13: 1. ... que fuera pelirroja con pecas. 2. ... que tuviera el tatuaje de una rosa en el brazo derecho. 3. ... que hubiera pasado dos noches en el hotel Gran Caribe el tres y el cuatro de marzo. 4. ... que se hubiera roto el brazo derecho al escaparse. 5. ... que hubiera alquilado un carro de Hertz, con la placa M34 456, el cuatro de marzo. 6. ... que hubiera salido de la ciudad el cinco de marzo.

Actividad 14: 1. un asesinato, 2. la cadena perpetua, 3. un secuestro, 4. un soborno, 5. la libertad condicional, 6. los rateros, 7. el terrorismo, 8. las pandillas, 9. la adicción.

Actividad 15: *Answers will vary.*

Actividad 16: *Answers will vary.*

Actividad 17: se me cayeron, se le rompieron, se le cayó, se le había terminado.

Actividad 18: Simón (*intentional actions*): destruyó, Quemó, tiró, devolvió; Isabel (*unintentional occurrences*): se le quemó, se le cayó, se le rompió, se le acabó.

Actividad 19: *Answers will vary. Possible answers may include:* 1. Se me perdió + *singular object* / perdieron + *plural object*, 2. Se me rompió/rompieron, 3. Se me quemó/quemaron, 4. Se me olvidó/olvidaron.

Actividad 20: 1. pero, 2. sino, 3. sino que, 4. pero, 5. sino, 6. sino que, 7. pero.

Actividad 21: 1. aunque hubiera; 2. donde quieren; 3. Cómo robaron, como querían; 4. aunque, dijo, como quiera, Adónde vamos; 5. Dónde te quedaste, donde pudiera.

Actividad 22: *Answers will vary.* **Párrafo 1:** *Present tense will predominate.* **Párrafo 2:** *Preterit and imperfect will predominate.* **Párrafo 3:** *Si clauses hypothesizing about the past* (**si hubiera** + *past participle*, **habría** + *past participle*) *will predominate.*

CAPÍTULO 12

Actividad 1: 1. inmigrante, legalmente, tarjeta, residente, ciudadano/a, bilingüe; 2. coyote*, frontera, tarjeta, indocumentados, migra*, bilingües; 3. bilingüe, ciudadano/a, residencia; 4. refugiado, asilo, asimilándome, nostalgia.

Actividad 2: 1. es, facilitar; 2. conseguir, obtener; 3. Asimilarse, lleva; 4. empleando, mantener; 5. trabajan, contraer, estar; 6. sufren, trabajan, hacen, vivir.

Actividad 3: 1. saqué, estaba, subió, pude/podía, quería, vivieran, conocieran, decidí, trabajé, puedo, ser/soy; 2. llegaron, Eran, se casaron, vivían, hablaban, entendían/entienden, aprendí, hablo; 3. trabajé, limpiaba, Pertenecía, estaba, dormía, llegaron, detuvieron, Fue, vi, hayan matado, tomé, Pude.

Actividad 4: **Partes A, B:** *Answers will vary. Preterit and imperfect will predominate.*

Actividad 5: *Answers will vary. Use present perfect in responses.*

Actividad 6: *Answers will vary. Present perfect and preterit or imperfect will predominate.*

Actividad 7: *Answers will vary. Present tense will predominate.*

Actividad 8: **Parte A:** *Answers will vary.* **Parte B:** *Answers will vary; be sure to justify responses. If you marked* **no** *in* **Parte A,** *begin with* **No creo que ... / No es verdad que ...** + *present subjunctive. If you marked* **sí** *in* **Parte A,** *begin with* **Creo que ... / Es verdad que ...** + *present indicative.*

Actividad 9: *Answers will vary. Use the conditional to hypothesize.*

Actividad 10: **Parte A:** *Correct your answers as you do Parte B.* **Parte B: Los mexicanos y los mexicoamericanos:** perdió, firmar, se compone, pasó, vivía, era, se convirtieron, llegar, poblar, empezó, necesitaba, llegar, trabajar, ha sido, hubo, empezaron. **Los cubanos y los cubano-americanos:** ha habido, empezó, subió, vinieron, querían, se establecieron, pertenecía/n, habían trabajado, ayudaron; permitió, abrió, facilitó, padecía, causó, intentó, volvió, dejó, quería, siguiera, permitió, construyeran, causó, había causado; han podido, es, esperan, abandone, poder, vivir, visitar, nacieron, hablan, se han casado, habrá. **Los puertorriqueños:** se diferencia, son, llegar, perdió, se convirtió, recibieron, necesitaban, había, provocó, continúa (*accent needed to break the diphthong*). **Parte C:** *Answers will vary; samples include these parts of complete sentences:* 1. un trabajo agrícola; 2. por razones políticas / el régimen de Castro / falta de libertad; alto en Cuba, bajo al llegar a los Estados Unidos; 3. el alto índice de desempleo en Puerto Rico y la falta de trabajadores en las fábricas de los Estados Unidos.

Actividad 11: *Answers will vary. Use the conditional.*

Actividad 12: **Parte A:** *Answers will vary according to your future plans.* **Parte B:** *Answers will vary. Use the future tense. Remember that if you use* **es posible que, es probable que,** *or related expressions, you will need to use the present subjunctive in the dependent clause.*

*Term used by Hispanics in the USA.